Im Morgenlicht der Erinnerung
Eine Kindheit in turbulenter Zeit

Peter L. Berger

Im Morgenlicht der Erinnerung
Eine Kindheit in turbulenter Zeit

Mit einem Nachwort von Rudolf Bretschneider

Molden Verlag

ISBN 978-3-85485-219-3

© 2008 by Molden Verlag in der Verlagsgruppe Styria GmbH & Co KG
Wien–Graz–Klagenfurt
www.molden.at

Umschlaggestaltung: Bruno Wegscheider
Übersetzung aus dem amerikanischen Englisch: Ruth Pauli
Lektorat: Marion Mauthe
Herstellung: Marion Mauthe
Druck: Druckerei Theiss GmbH, St. Stefan

Alle Rechte vorbehalten

Inhalt

Einleitung	6
Häuser in Schönbrunner Gelb	18
Eine andere Sprache	75
Außenseitertum	107
Identitätskarten	145
Eine Schule am Meer	145
Neumanns Lehrplan	164
Gespräche in Stella Maris	173
Persische Gärten	179
Pastor Bergs Bibliothek	186
Rasse: Österreichisch	192
Kurzer theoretischer Einschub	197
Befreiungen	201
Peter L. Berger heute	
Ein Nachwort von Rudolf Bretschneider	221
Personenregister	234
Auswahlbibliografie Peter L. Berger	240

Einleitung

Warum veröffentlicht einer seine Erinnerungen? Die Gründe dafür, die mir zunächst in den Sinn kommen, scheinen mir alle nicht gerade sympathisch. Da wären: Exhibitionismus, also der Drang, sich in der Öffentlichkeit seiner Kleider zu entledigen. Oder Größenwahn, also die überspannte Einschätzung der eigenen Wichtigkeit unter der Annahme, dass sich jemand für jedes Detail im Leben des Schreibenden interessieren könnte. Und dann Raffgier, also die Hoffnung, viel Geld mit der Veröffentlichung zu verdienen. Aber ist das nicht eine Folge des erwähnten Größenwahns? Und da ist dann noch die Enthüllung, wenn man meint, wirklich überraschende, sehr wichtige Geheimnisse offenbaren zu können.

Manche sind überzeugt, dass die eigenen Lebenserfahrungen auch für andere wichtig sein können. Und für mich trifft nur der letztgenannte Grund zu. Ich bin kein Exhibitionist, mein natürlicher Hang zum Größenwahn, den eigentlich jeder Intellektuelle hat, ist durch einen sicheren Instinkt fürs Lächerliche gezügelt. Und bedauerlicherweise habe ich nur sehr triviale »Geheimnisse« zu enthüllen. Ich habe anfangs bezweifelt, dass aus meinen autobiografischen Grübeleien wirklich Fundiertes zu erfahren wäre. Ich habe auch gezögert, meine Erinnerungen zu veröffentlichen, denn immer noch hege ich so manchen Zweifel über deren Nützlichkeit für die Allgemeinheit.

Verstehen Sie bitte diese Bemerkungen nicht als Ausdruck meiner Demut, das wäre unglaubwürdig, denn wirklich demütige Menschen tragen diese ihre Eigenschaft nicht vor sich her. Und ich halte mich an das, was Golda Meir angeblich einmal zu einem ihrer Minister gesagt hat: »Seien Sie nicht so demütig. Dafür sind Sie nicht bedeutend genug.«

Ich habe den vorliegenden Text vor drei Jahren geschrieben, als ich krankheitshalber das Haus einige Wochen lang nicht verlassen konnte. Dieser Hausarrest war selbstverständlich langweilig und ich suchte etwas, das die leeren Stunden füllen konnte. Was aber viel wichtiger war: Derartige Lebensabschnitte zwingen einem Menschen, der wie ich beinahe ein Patriarchenalter erreicht hat, das heftige Gefühl der eigenen Endlichkeit auf. Auf ganz eigenartige Weise lassen Kindheitserinnerungen dieses Gefühl erträglicher werden. So wie der tröstliche Satz, der meine Kindheit begleitete: »Wein' nicht, alles wird gut«, liefert uns der Glaube die endgültige Rechtfertigung. Schon die mittelalterliche Mystikerin Juliana von Norwich sagte: »Und alles wird gut. Und alles wird gut. Und jedes Ding wird gut.« Diese Verse könnte man als kosmisches Wiegenlied verstehen. Vielleicht ist das der Grund, warum Kindheitserinnerungen angesichts der Sterblichkeit Kraft verleihen können.

Als ich wieder gesund wurde, legte ich das Manuskript in einen Aktenschrank. Nur zwei Menschen bekamen es zu lesen – mein älterer Sohn Thomas und meine Frau

Brigitte. Ich dachte damals noch nicht daran, daraus ein Buch zu machen. Ich muss Rudolf Bretschneider dafür danken – oder ihm auch den Vorwurf machen –, dass er mich ermutigt hat, überhaupt an eine Veröffentlichung zu denken. Denn würde ich die erste Frage zur Prämisse machen, die mein Lehrer Alfred Schütz als Vorsitzender eines Promotionskomitees stets stellte, wäre mein Erinnerungsband nicht erschienen. Denn er meinte: »Sagen Sie uns in weniger als zwanzig Minuten, was Sie erforscht haben, und sagen Sie uns nur das, was jeden interessieren sollte.« Die Lektüre der folgenden Seiten benötigt mehr als zwanzig Minuten. Und was daran interessant ist, wird vom Leser zu beurteilen sein.

Als ich das Manuskript wieder zur Hand nahm und erneut durchlas, fiel mir auf, dass besonders die ersten Abschnitte eine ausführliche Danksagung an meine Eltern sind. Ihre Liebe und Fürsorge haben mir einen gewaltigen Schutzwall gegen Ängste geschaffen, die mich sonst schwer belastet hätten. Sie stellten sich zwischen mich und die potenziell mörderischen Mächte der Geschichte. Und so hatte ich trotz aller politischen und gesellschaftlichen Bedrohungen eine glückliche Kindheit. Dabei muss man sich klar vor Augen halten, wie wichtig der elterliche Einfluss auf die Zukunft ihrer Kinder ist. Sie allein können dem jungen Menschen die Wege ebnen oder verbauen. Es leuchtet ein, dass sich manche junge Menschen angesichts dieser Verantwortung dazu entschließen, keine Kinder zu bekommen. Aber es ist ebenso einleuchtend, dass die

Zukunft jeder menschlichen Gesellschaft davon abhängt, dass sich die Mehrheit dieser nachgerade hohepriesterlichen Rolle stellt.

Auch meine keineswegs friktionsfreihe Beziehung zu Österreich fiel mir beim Wiederlesen auf – sie ist wohl der Grund dafür, dass sich ein österreichischer Verlag für das Buch interessierte. Friedrich Torberg stellt in seinem Roman über den mittelalterlichen jüdischen Minnesänger Süßkind von Trimberg die Hypothese auf, dass man dort zu Hause ist, wo man seine Kindheit verlebt hat. Ich glaube nicht, dass das eine allgemeingültige Aussage ist. Manche Menschen fühlen sich ihr ganzes Leben lang gerade von dem Ort abgestoßen, wo sie Kind gewesen sind. Bei mir ist das eindeutig nicht der Fall. Ich verließ Wien, als ich neun Jahre alt war, und mit 26 kam ich erstmals wieder zurück. Ich fühlte mich gleich wieder zu Hause, obwohl ich Erinnerungen an die Zeit nach dem »Anschluss« hatte, die alles andere als angenehm waren. Ich habe sie weder verdrängt noch verleugnet, aber die Straßen und Häuser – vom Klang der Sprache erst gar nicht zu reden – konnten mir das Glücksgefühl meiner Kindheit zurückbringen. Natürlich ist Wien nicht der einzige Ort auf der Welt, wo ich heimisch bin. Daneben gibt es den mütterlichen italienischen Anteil meiner Kindheit, und es gibt Amerika, wo ich mich mein ganzes Erwachsenenleben lang wohl gefühlt habe. Es gibt auch noch andere Orte überall auf der Welt, wo ich prägende Erfahrungen gemacht habe. Und es gibt Orte, an denen ich mich zwar nicht zu Hause fühle, die mir aber sehr nahe sind und von denen ich weiß, dass sie mir Heimat sein könnten.

Und trotzdem: Wien spielt eine besondere Rolle, wenn es ums Sich-zu-Hause-Fühlen geht. Wobei ich keinerlei romantische Vorstellungen von Österreich habe. Zu einem bestimmten Grad decken sich also Torbergs Aussagen mit dem, was ich erlebt habe. Auch das könnte von allgemeinem Interesse sein.

Doch meine Beziehung zu Österreich ist viel komplexer und an und für sich recht eigen. Da ist einmal die Beziehung, die ich zum alten Österreich vor 1918 habe. Das ist eine Welt, wie sie mir mein Vater weitergegeben hat, und deren Bild durch die Lektüre historischer und literarischer Werke noch klarer vor mir steht. In dieser Hinsicht bin ich mir eines gewissen illusionistischen Elements durchaus bewusst. Ich bin mir gar nicht sicher, ob ich zwischen 1890 (als mein Vater geboren wurde) und 1918 ein zufriedener Untertan der Habsburger Monarchie gewesen wäre. Diese eigenartigen nostalgischen Gefühle für eine für mich unbekannte Welt haben natürlich keinerlei politischen Konnex. Würde ich sie in Worte fassen wollen, so bediente ich mich wohl eines Zitats aus Robert Musils *Mann ohne Eigenschaften* (auch wenn er sie in einem ganz anderen Kontext verwendet): »Ein entsprungenes Gleichnis der Ordnung«. Anders gesagt, ist die Monarchie – romantisiert oder nicht – für mich gedanklich ein Symbol für Ordnung. Und mit dieser Einschätzung bin ich nicht allein; als Beispiel für viele andere erinnere ich hier nur an Claudio Magris' zum

Klassiker gewordenes Buch *Der Habsburgische Mythos in der österreichischen Literatur.*

Ist das von Interesse jenseits der Besonderheiten meiner Biografie in der Auseinandersetzung mit einem Land, das große Identitätsprobleme hatte? Ich glaube doch, denn es kann als Beispiel eines viel allgemeineren Phänomens dienen: Dafür, wie die Vergangenheit – ob tatsächlich oder verklärt – Teil der Gegenwart wird. Auf der persönlichen Ebene zeigt sich das in der Art und Weise, wie die Welt der Großeltern im Bewusstsein ihrer Enkel weiterwirkt. Das ist natürlich nicht immer wünschenswert. Manche Großeltern können nur sehr Negatives weitergeben. Andere Welten aber – und wieder spielt es keine Rolle, ob sie in Wirklichkeit oder in der Fantasie so existierten –, andere Welten sind besser.

Schließlich und endlich bin ich davon überzeugt, dass es ein schmerzliches Aufeinandertreffen von Weltgeschichte mit jeder Kindheit gibt, das jedes Individuum prägt. Vieles, was in dessen Lebenszeit geschieht, entzieht sich der Kontrolle des Individuums, wird vom Schicksal diktiert und nicht freiwillig gewählt. Und trotzdem eröffnet dieser Umstand die Gelegenheit, sich willentlich zu entscheiden: eine davon ist die Identitätsfindung; ich bezweifle, dass alle Menschen diese Möglichkeit haben. Immer noch gibt es Individuen, die keine Alternativen zu der Biografie haben, die die Umstände ihnen auferlegt haben. Aber auch wenn sich jemand frei entscheiden kann, braucht es dazu die Erfahrung, was Freiheit überhaupt ist. Solche Augenblicke muss man genießen und immer wieder danach suchen. Jean-Paul Sartre hat postuliert, dass der Mensch zur Freiheit verdammt ist. Als allgemeines anthropologisches Theorem ist das mehr als zweifelhaft. Aber als Beschreibung der Situation des modernen Menschen ist es plausibel. Meine eigene Lebensgeschichte mit all ihren Idiosynkrasien ist eine Fallstudie dieser Situation. Auch als solche kann sie allgemeingültige Einsichten beinhalten.

Für Machiavelli war das Leben eines Individuums ein Drama, das sich aus *fortuna und virtus* entwickelt – auf der einen Seite das Schicksal, auf der anderen Seite die Tugend, also der Wille, der sich dem Schicksal entgegenstellt. Man könnte auch ein anderes Bild nehmen: die Dichotomie beim Kartenspiel zwischen dem Blatt, das man bekommt, und der Entscheidung, wie man damit spielt.

Jeder Mensch bekommt bestimmte Karten zugeteilt – und an ihnen kann er nichts ändern: Niemand kann sich seine Eltern oder seine Großeltern aussuchen. Natürlich kann er sich als Erwachsener gegen sie abgrenzen, ja sich sogar gegen sein elterliches Erbe auflehnen, aber auch in diesem Fall hinterlässt es unauslöschliche Spuren im eigenen Wesen. Fortuna meinte es gut mit mir, und ich bin wirklich bevorteilt worden. Aber mein Leben und alles, was ich bin und was ich geworden bin, hätte eindeutig ganz anders ausgesehen, hätten sich meine Eltern nicht vor vielen Jahren in einem Kurort an der damaligen »österreichischen Riviera« kennen gelernt.

Auf zwei Seiten war diese Dichotomie in meinem Leben sehr einschneidend – bei der ethnischen und bei der religiösen Zugehörigkeit. Ich habe nicht die Entscheidung getroffen, als Sohn jüdischer Eltern geboren zu werden, mit allen Konsequenzen, die das nach dem »Anschluss« hatte. Eben so wenig habe ich die Entscheidung getroffen, in Palästina zu landen und dort während prägender Jahre meines Lebens festzusitzen. Es war auch nicht meine freie Wahl, an jener lächerlichen Taufzeremonie teilzunehmen, zu der mich meine Eltern in die Kapelle der Britischen Botschaft in Wien gebracht haben. Dann aber, mit 16, war es sehr wohl meine Entscheidung, wie ich mit diesem Wirrwarr an Identitäten umgehen wollte, als ich in einem entscheidenden Schritt als Nationalität »österreichisch« in meine Identitätskarte setzen ließ – es war tatsächlich eine Identitäts-Karte! –, die mir die britische Mandatsbehörde in Palästina ausstellte. Mit diesem Schritt habe ich mich als nichtjüdisch definiert. Es stand mir frei, das zu tun, und meine Eltern hätten zu diesem Zeitpunkt nichts dagegen gehabt. Doch dann wäre mein Leben ein anderes geworden. Genauso hätte es einen ganz anderen Verlauf genommen, hätten sich meine Eltern auf dem britischen Konsulat in Triest für ein Visum nach Kenia statt nach Palästina entschieden.

Es ist nicht schwer sich auszumalen, was die Entscheidung für eine jüdische Identität für mein Leben ab 16 bedeutet hätte. Jude-Sein im religiösen Sinn war in meinem Fall kaum möglich, denn ich hatte keinerlei Erfahrungen auf diesem Gebiet. Aber ich hätte mich für ein säkulares

Judentum entscheiden können. Dann wäre ich vielleicht in Israel geblieben oder aus Amerika dorthin zurückgekehrt. Vielleicht wäre ich dann jetzt ein emeritierter Professor der Hebräischen Universität in Jerusalem.

Gerade wegen des jüdischen Elements in meiner Biografie habe ich gezögert, diese Erinnerungen zu veröffentlichen. Ich habe viele jüdische Freunde und ich könnte sie durch die Wahl meiner Identität verletzen, denn schließlich ist für die meisten Juden das Bekenntnis zum Judentum sehr wichtig. Ich könnte mich damit sogar dem Vorwurf des »jüdischen Selbsthasses« aussetzen. Ich kann nur wiederholen, dass weder Hass noch Antizionismus bei meiner Entscheidung gegen das Judentum mitspielte. Ich habe meine jüdische Herkunft nie verleugnet, auch damals nicht. In der Schule hatte ich vier Freunde, zwei Juden und zwei Araber. Mein Freund Farid hat einmal einem anderen arabischen Buben erklärt, ich sei »ya'ani« – »sozusagen« jüdischer Herkunft. Als Erwachsener habe ich mich nie bemüßigt gefühlt, besonders darauf hinzuweisen – außer das eine Mal, als ich in den 1950er Jahren zum ersten Mal durch Deutschland und Österreich reiste. Damals fühlte ich mich moralisch dazu verpflichtet, diese jüdische Herkunft zu betonen.

Man könnte sagen, dass ich mich dazu entschlossen habe, dass ich mir meine Identität von niemandem aufzwingen lasse – nicht von den Nazis, nicht von den jüdischen Nationalisten, von niemandem. In diesem Zusammenhang fällt mir eine Episode ein, die sich bei meiner ersten Wiederkehr nach Israel während einer Vorlesungsreise in den 1970ern abspielte. Ich aß mit einer sehr netten Dame zu Mittag, deren Institut mich in Jerusalem betreute. Sie bombardierte mich nahezu mit Propaganda über das »Größere Israel« nach dem Sechs-Tage-Krieg. Das irritierte mich zunehmend. Es war ganz eindeutig, dass sie mich als Jude wahrnahm und das schloss in ihrem Denken auch ein, dass ich mit ihren politischen Ansichten völlig übereinstimmen musste. Wie unter Zwang sagte ich zu ihr: »Übrigens, ich bin kein Jude.« Sie verlor ein bisschen die Fassung und gab zurück: »Und warum finden Sie es nötig, mir das zu sagen?« Ohne nachzudenken antwortete ich etwas grob: »Um überstürzte Verbrüderungen zu vermeiden.«

Wie aus meinem vorliegenden Buch deutlich wird, ist meine nationale Identität sehr stark mit meiner religiösen verbunden; ich bin zu allererst Christ und dann lutherischer Protestant. Das allerdings verdanke ich verschiedenen glücklichen Zufällen – dem unvermuteten Kontakt meiner Eltern mit den protestantischen Missionaren, die mich an die Schweizer Schule auf dem Karmel brachten; dem Umstand, dass ich Fritz Neumanns Schüler wurde (wie viele Fünfzehnjährige werden schon dazu angehalten, Kierkegaard zu lesen?); und schließlich und endlich dem Auffinden der Bibliothek, die der erste Pastor der lutherischen »Deutschen Kolonie« in Haifa zurückgelassen hatte. Bei all diesen zufälligen Fügungen hätte ich freilich auch alle möglichen anderen Entscheidungen treffen können. Ich habe die christliche und die lutherische gewählt.

Und auch wenn ich später den Grund für dieser Entscheidungen in Richtung einer viel moderateren theologischen Einstellung veränderte, war ich niemals gezwungen, sie zu verleugnen.

Ich habe einmal Werner Stark gefragt, einen sehr produktiven Soziologen, wie es einem Buch gehe, das er gerade herausgebracht hatte. Er antwortete: »Bücher, die ich veröffentlicht habe, gehen denselben Weg wie die Toten bei Calvin: Wir können nichts mehr für sie tun, sie sind auf dem Weg in ihr Verderben.« Sollte dieses Buch nur einige wenige einfühlsame Leser finden, dann wird es irgendwohin unterwegs sein – aber sicher nicht in sein Verderben.

Boston, Herbst 2007

»Wir stiegen immer beim Volksgarten aus ...

Häuser in Schönbrunner Gelb

Jetzt, da der Tag zu Ende geht, beschwöre ich den Morgen, denn ich habe die Hoffnung, dass die Erinnerung an die ersten Sonnenstrahlen Kräfte für die Nacht birgt.

Erinnerungen an die Kindheit haben die Klarhei des frühen Morgens. Jede Szene, die an die Oberfläche des Gedächtnisses dringt, ist in helles Licht getaucht und klar umrissen. Zumindest bei mir sind sie meist von den beiden Menschen überragt, die eine Kindheit ausmachen – überlebensgroß, scheinbar allmächtig, die Quelle unendlichen Vertrauens. Vati und Mutti: Mein ganzes Erwachsenenleben hindurch standen in meinen Notizen die Buchstaben V. und M. für sie – niemals habe ich diese Abkürzungen für jemand anderen gebraucht. Als mein Sohn Michael zur Welt kam, begann ich ihn als MG. zu bezeichnen – ich fügte seinen Mittel-Initial zum Anfangsbuchstaben des Vornamens, um Aufzeichnungen über ihn von jenen zu unterscheiden, die M. betrafen. Damals lebte sie noch – aber auch nach ihrem Tod habe ich diese Gewohnheit beibehalten.

Meine ersten Erinnerungen an V. sind untrennbar mit Gerüchen und Geräuschen verbunden. Ich konnte seinen Geruch schon vernehmen, bevor er mich noch hochhob. Es war die spezielle Mischung aus dem Duft seines Anzugstoffes und das alles beherrschende Aroma seines Tabaks. Ich muss wohl sein sonniges Gemüt gespürt haben, das seinen Charakter bis ans Lebensende überstrahlte. Noch bevor ich sprechen konnte (das erzählte man mir zumindest so) begrüßte ich ihn – und zwar nur ihn – mit einem jubelnden »Iii!« (und man sagte mir auch, dass ihn das sehr gefreut hat). Später, als ich schon der Sprache mächtig war, brachte er mir den »Familienpfiff« bei. Das war eine weit verbreitete Praxis bürgerlicher Wiener Familien: Man pfiff eine bestimmte kurze Melodie aus einer Oper, einer Operette oder aus einem Volkslied, wenn man einem anderen Familienmitglied die eigene Anwesenheit signalisieren wollte. Wahrscheinlich war die Idee dahinter, dass man sich leichter wieder finden konnte, wenn man sich bei einem Waldspaziergang aus den Augen verloren hatte – was eine beliebte Feizeitbeschäftigung des Wiener Bürgertums war. Eigentlich bin ich mir nicht sicher, ob dieser absurde Brauch häufig von Nutzen gewesen sein kann; bei uns erfüllte er, jedenfalls soweit ich mich erinnere, niemals diesen Zweck. Aber den »Familienpfiff« zu lernen, das war ein Moment im Kinderleben, der mich mit ungeheurem Stolz erfüllte. V. hatte eine Notenfolge gewählt, die aus dem Repertoire der österreichisch-ungarischen Kavallerie stammte, in der er als junger Mann gedient hatte. Es war das Angriffssignal. Über diese ehrwürdige Herkunft unseres Pfiffs wurde ich eingehend informiert. Für mich war V. von klein auf ein Repräsentant jenes entschwundenen Kaiserreiches, noch bevor ich die leiseste Ahnung von geschichtlichen Zusammenhängen hatte. Es musste ungeheuer prächtig gewesen sein. In meiner späteren Kindheit wandelte sich der Familienpfiff irgendwie in den Radetzkymarsch – jenes Stück Militärmusik also, das wie kein anderes die nostalgische Welt der Habsburger verkörpert. (Sie wurde übrigens von Joseph Roth in seinem gleichnamigen Roman in literarische Form gegossen.) Ich besitze zwei CDs mit diesem Marsch. Fast immer, wenn ich sie höre, steigt in mir ein Schwall schöner Kindheitserinnerungen auf, in denen die Figur V.s mit Bildern und Klängen des Wien meiner ersten Kindheitsjahre ineinander fließt, aber auch mit jenen der alten Kaiserstadt, die V. mir, der sie nie selbst erlebt hat, vermittelt hat. Eigentlich wurde ich dadurch Patriot eines nicht existierenden Landes.

Friedrich Torberg schreibt in seinem Roman *Süßkind von Trimberg*, dass man dort zu Hause ist, wo man ein Kind war. Ich weiß nicht, ob Torberg damit im Allgemeinen Recht hat. Für mich aber trifft es zu. Zu keiner anderen Stadt habe ich eine vergleichbare Beziehung wie zu Wien, und es ist im Grunde eine positive Beziehung. Ich mache mir keinerlei Illusionen über Wien, über Österreich oder über die Habsburger Monarchie. Ich weiß alles über die dunkle Seite der viel gerühmten Wiener Gemütlichkeit, die mit bösartiger Macht hervorbrach, als Hitlers Wehrmacht 1938 in die Stadt einmarschierte.

In meiner Kindheit gab es zwei Welten. Eine war in Wien. Die andere in Italien, wo M.s Familie lebte und wohin man mich jeden Sommer brachte. Die Unterschiede zwischen den beiden waren immens.

Meine Wiener Welt betraf nur einen ziemlich kleinen

Teil der Stadt, zwischen der Josefstadt, wo wir wohnten, und der Inneren Stadt, wo V. sein Geschäft hatte (zuerst am illustren Kohlmarkt und später, als er sich die Miete dort nicht mehr leisten konnte, Ecke Petersplatz). Die Verbindung zwischen diesen beiden Orten war der J-Wagen – wie er es auch heute noch ist. Wir stiegen immer beim Volksgarten aus, wo ich mit meinem Freund Wolfi spielte. Unsere Familien waren schon lange Jahre befreundet, die Mütter waren zur gleichen Zeit schwanger gewesen – wenn auch Wolfi einige Monate jünger ist als ich, was mir eine Zeitlang ein Überlegenheitsgefühl gab. Wolfi sagt heute noch, dass wir schon befreundet waren, bevor wir überhaupt auf der Welt waren.

Der Theseustempel im Volksgarten: Immer versperrt und ohne Fenster, durch die man hätte hineinspähen können, ließ er uns stets vermuten, dass große Geheimnisse darin wären (auch als Erwachsener habe ich ihn nie offen gesehen). Vom Volksgarten war es nur ein kurzer Spaziergang zu V.s Geschäft. Ich freute mich immer auf die Besuche dort, schon wegen des königlichen Empfangs, den V. und seine Angestellten (solange er noch welche hatte) mir bescherten. Es handedlte sich um ein Herrenmodengeschäft, das freilich nie sehr gut ging. V. und M. sprachen oft über die finanziellen Sorgen, die es ihnen machte. Wenn V. nach Hause kam, erkundigte ich mich immer, wie das Geschäft ging – auch wenn ich das noch nicht richtig aussprechen konnte und stets »Koschäft« sagte.

Ich war ein Einzelkind und wurde dementsprechend

verwöhnt – nicht nur von V. und M., sondern auch von V.s beiden Schwestern und ihren Familien, von M.s Schwester und ihrem Mann, die in Wien lebten, aber auch von der entfernteren Familie. Natürlich machten wir manchmal Ausflüge ins Grüne, aber es war nur ein Ort, den ich in meine Welt einbezog: Pressbaum. Dort hatte das einzige reiche Familienmitglied, V.s Schwager, eine Villa. In der schönen Jahreszeit verbrachten wir manchmal die Wochenenden dort, und ich konnte im großen Garten spielen. Wieder sind es Gerüche, die mit dieser Erinnerung verbunden sind: der Duft des nassen Grases nach einem Sommerregen und jener von frisch gesägtem Holz des örtlichen Sägewerks. Es muss in Pressbaum gewesen sein, wo mir zum ersten Mal der Gedanke gekommen ist, dass auch der Himmel wie nasses Gras nach einem Sommerregen riechen muss – wovon ich manchmal immer noch überzeugt bin.

Jede Kindheit hat einen »Klang an sich«: die Sprache. In meiner Kindheit gab es zwei Sprachen – jene Wiens und jene Italiens. Die Sprache Wiens ist untrennbar mit V.s Welt verbunden. Ihr unnachahmlicher Akzent, die Syntax und das Vokabular sind von jedem, der Deutsch spricht, sofort lokalisierbar. Mein Deutsch ist immer noch davon durchdrungen. Mir geht dieser Klang nahe. Wohl weil er in meiner amerikanischen Umgebung so selten vorkommt, freue ich mich immer besonders, ihn zu hören. Oft habe ich den österreichischen Konsul in New York auch ganz ohne bestimmten Grund angerufen, weil ich den Akzent so gerne hören wollte, den jeder hatte, der das Gespräch im Konsulat annahm. Die Sprache hat sich verändert, seit ich Österreich verlassen habe. Und darum klingt mein Deutsch altmodisch in den Ohren derer, die immer dort geblieben sind. Trotzdem, sobald ich meinen Mund aufmache und Deutsch spreche, ist meine Herkunft klar. (Englisch spreche ich mit einem unbestimmbaren mitteleuropäischen Akzent.) Vor einigen Jahren habe ich in Paris ein Auto gekauft und bin damit durch Italien und Österreich gereist. Der Wagen hatte französische Nummerntafeln. Als ich zum ersten Mal in Frankreich tankte, machte mir der Tankwart Komplimente für mein Französisch (vielleicht sollte ich hinzufügen, dass er ein sehr höflicher Mann war). Bei meinem ersten Tankstellen-Stopp in Österreich wollte der Tankwart wissen, wieso ich französische Nummerntafeln hätte. Vielleicht hat Torberg doch Recht.

V. war ein talentierter Amateurmaler. Am liebsten malte er Szenen aus dem Militärleben und einzelne Soldaten mit Uniformen und Rangabzeichen der alten Armee, worauf er akribische Genauigkeit verwendete. Er unterwies mich in all diesen Details, und schon als sehr kleiner Bub war ich dadurch Experte in Militärkunde. Ich besitze noch einige von V.s Gemälden. Für mich hat er auch viele kleine Soldaten in den Uniformen unterschiedlicher Nationen gemalt – Briten, Franzosen etc. Er malte sie auf dickes Papier, schnitt sie aus und schrieb einen Namen auf die Rückseite jedes Soldatenbilds. Ich legte sie auf den Boden und inszenierte Schlachten mit ihnen. Wenn einer von ih-

...wo ich mit meinem Freund Wolfi spielte.«

nen fiel, drehte ich ihn um. Mit großem Talent arbeitete V. auch mit Karton. Er machte mir kleine Häuser, Schiffe und Landschaften mit Bäumen. Ich benutzte sie als Kulisse für die Schlachten, die meine kleinen Armeen schlugen. Im Sommer, wenn M. und ich in Italien waren, konnte sich V. höchstens für eine Woche vom Geschäft frei machen und mit uns kommen. Die übrige Zeit war er allein in Wien, wo er offensichtlich Langeweile hatte. Deshalb konnte ich mich jedes Mal auf eine beachtliche Vermehrung meines von V. gebastelten Spielzeugs freuen. Speziell eine solche Heimkehr ist mir in Erinnerung geblieben: Wir kamen am späten Nachmittag vom Bahnhof in unsere Wohnung. V. führte mich in mein Zimmer und machte Licht. Der größte Teil des Fußbodens war zu einem Hafen mutiert – da gab es einige große Schiffe, ich erinnere mich an ein ganz schwarzes und sehr bedrohlich wirkendes Schlachtschiff und an ein Schiff der Handelsmarine. Aber es gab auch kleinere Boote. Auf jedem Schiff standen kleine Matrosen an Deck. Und als Kulisse für den Hafen stand da eine ganze Stadt – Häuser, eine Kirche, kleine Wägen. Ich begann sofort mit all diesen Wunderdingen zu spielen und konnte mich lange nicht losreißen, um schlafen zu gehen.

Im März 1938, als Österreich dem Dritten Reich einverleibt wurde, endete meine Wiener Kindheit abrupt. Aufgrund der nationalsozialistischen Rassengesetze waren wir Juden, obwohl V. und M. Mitglieder der protestantischen Kirche waren. Dass sie Protestanten geworden waren, hatte nichts mit ihrer religiösen Überzeugung oder gar einer Bekehrung zu tun, sondern war ein völlig nüchterner Schritt gewesen. Schon lange vor dem »Anschluss« wurde dieser Schritt von Juden und Nicht-Juden als »getauft werden« bezeichnet, was schon darauf hinwies, dass religiöse Motive dabei keine Rolle spielten. Was es in unserem Fall bedeutet hat, möchte ich an anderer Stelle erzählen.

Ich war von der abrupten Veränderung unserer Lage erschreckt und verwirrt. Die wenigen Monate, die wir nach dem »Anschluss« in Wien blieben, waren natürlich angsterfüllt. Obwohl sie sich bemühten, ihre Beklommenheit so weit wie möglich vor mir zu verbergen, hat sie sich natürlich auf mich übertragen. Ich war damals neun, aber wohl ein recht altkluger Neunjähriger. Ich verfolgte die Nachrichten und konnte recht gut verstehen, was vor sich ging. Und ich konnte die Veränderungen auch jedes Mal klar erkennen, wenn ich außer Haus ging.

Alle, die ich kannte, auch Wolfis Eltern (die »arisch«, katholisch und politisch konservativ waren), hofften inbrünstig, dass es der Schuschnigg-Regierung gelingen würde, Österreichs Unabhängigkeit zu bewahren. Unter dem steigenden Druck aus Deutschland entschloss sich Schuschnigg zu einer verzweifelten Handlung. Er setzte eine Volksabstimmung über die Unabhängigkeit an. Er kündigte sie auf dem Parteitag der »Vaterländischen Front« – der einzigen zugelassenen Partei im damaligen »Ständestaat« – in Innsbruck an. Ich erinnere mich, wie ich seine Rede im Radio hörte und sehr bewegt von ihr war. Als Schuschnigg endete, brandete langer Applaus auf und dann sang die ganze Versammlung, offensichtlich spontan, das Andreas-Hofer-Lied.

Dem Innsbrucker Parteitag folgte eine wahre patriotische Propagandaflut. Überall wurde die österreichische Fahne aufgezogen, riesige Plakate forderten auf, mit »Ja« zu stimmen, über den Rundfunk riefen viele wichtige Persönlichkeiten (darunter auch Vertreter der verbotenen Sozialistischen Partei) ebenfalls dazu auf. Ich war sehr aufgeregt – das patriotische Fieber griff auf mich über. Ich sah eine kleine Parade der Vaterländischen Front, bei der »Österreich, Österreich!« skandiert wurde. Eine Volksabstimmung als solche fand nie statt. Ich weiß nicht, ob das autoritäre Schuschnigg-Regime überhaupt eine freie Abstimmung zugelassen hätte. Die Nazis hatten damals keine loyale Mehrheit hinter sich (auch wenn eine Mehrheit im Allgemeinen den »Anschluss« enthusiastisch begrüßte, als er erst einmal Realität wurde). Also war es sehr wahrscheinlich, dass die Abstimmung ganz in Schuschniggs Sinn ausgegangen wäre. Hitler wollte dieses Risiko nicht eingehen. Einige Tage vor der angesetzten Volksabstimmung hielt er eine Rede, in der er sie als Provokation einstufte, den Rücktritt der österreichischen Regierung verlangte und ankündigte, dass deutsche Truppen einmarschieren würden, um sicher zu stellen, dass die Abstimmung »ehrlich« sein würde. (Eine Abstimmung wurde erst abgehalten, als die Deutschen schon an der Macht waren und natürlich ging sie aus, wie die Nazis es wünschten.) Wieder hörte ich Schuschnigg im Radio sprechen, wie er angesichts der Übermacht der deutschen Nationalsozialisten seinen Rücktritt ankündigte. Er sagte, er wolle Blutvergießen vermeiden und beschwor die Bevölkerung, sich der deutschen Armee nicht zu widersetzen. Er endete mit den Worten »Gott schütze Österreich!«. Das letzte Mal erklang die österreichische Hymne im Radio. Dann gab es Österreich nicht mehr. Für die nächsten sieben Jahre war es die »Ostmark«, eine von vielen Provinzen des so genannten »Großdeutschen Reichs«. Und mit Österreich verschwand das Wien meiner Kindheit. Aus der Stadt der Sicherheit war eine Stadt der Bedrohung geworden.

Ich kann mich gut an die Tage zwischen Schuschniggs Rücktritt und der Ankunft der deutschen Truppen erinnern. Wahrscheinlich war ich die meiste Zeit zu Hause, aber ich erinnere mich an den Anblick von Wiener Polizisten, die Hakenkreuzschleifen über ihre Uniformärmel gezogen hatten (die Uniformen wurden erst später an die deutschen angepasst). Im Radio hörte man jetzt natürlich Nazi-Propaganda und Nazi-Lieder. Die Luftwaffe überflog Wien; immer wieder hörte ich ihr lautes Dröhnen am Himmel. Als die Deutsche Werhmacht die Grenze überschritt, wurde ihr Vorankommen im Radio übertragen. Sie traf auf keinerlei Widerstand, bewegte sich aber langsam vorwärts. Sie brauchte zwei Tage, bis sie Wien erreichte. Die lebhafteste Erinnerung aus diesen Tagen ist ein Traum: Es war ein stiller, wohl früher Abend. Ich schaute über die Stadt mit der vertrauten Silhouette des Stephansturms in der Mitte. Bedrohlich tauchte über der Stadt eine riesige, rote

Figur auf, den Kopf in schwindelnden Höhen. Ihr Gesicht war eine böse Fratze. Mir war klar: Das ist der Teufel.

Im Schlepptau der Deutschen Wehrmacht kam die Gestapo. Nun kam es zu Verhaftungen, Gewaltakten gegen Juden auf der Straße, Selbstmorden. Menschen belagerten die ausländischen Konsulate in der Hoffnung, einen sicheren Ort zu finden, wohin sie sich retten könnten. Jetzt weiß ich natürlich viel darüber, was in diesen Tagen und Wochen passierte, aber damals als Kind nahm ich nur Teile des Terrors wahr, der über der Stadt wütete. V. und M. versuchten so gut wie irgend möglich, all das von mir fern zu halten. Doch ich erinnere mich, dass ich nicht nur erschreckt, sondern auch fasziniert von all den Veränderungen war, die ich beobachtete. Dank der Unterweisung durch V. hatten mich Uniformen immer fasziniert. Auch in Italien hatten mich die verschiedenen Uniformen immer interessiert. Jetzt gehörte meine ganze Aufmerksamkeit den neuen Uniformen in den Straßen Wiens – Uniformen der Deutschen Wehrmacht, der SS und der SA, der Hitler-Jugend. Auch die neuen Lieder faszinierten mich. Einige davon brachte man uns in der Schule bei. Und bis heute sind mir einige im Gedächtnis geblieben. Ich wusste natürlich, dass ich von all dem ausgeschlossen war, ja ich glaube, dass ich gar nicht dazu gehören wollte; ich wollte einfach unbehelligt bleiben. Trotzdem: Das alles war spannend. Ich weiß nicht warum, aber besonders blieb mir das neue deutsche Geld in Erinnerung, das die österreichische Währung ersetzt hatte. Die Münzen schienen heller und schwerer. Viele Jahre später, als ich zum ersten Mal in meinem Erwachsenenleben nach Deutschland kam und an der Grenze zu Frankreich mein Geld in D-Mark eintauschte, machte diese damals noch ziemlich junge Währung einen ähnlichen Eindruck auf mich. Die Münzen fühlten sich schwerer und heller an. Das rief die Kindheitserinnerung in mir wach, aber ich konnte nichts mit dieser Assoziation anfangen: Sie erschreckte mich nicht.

Kurz nach dem »Anschluss« kam Onkel Willi, M.s Bruder, aus Italien nach Wien. Auf seinem Revers trug er das Parteiabzeichen der Faschisten. Ich fragte ihn, was er tun würde, wenn er auf der Straße angepöbelt und man ihm den Nazi-Gruß abverlangen würde. Er meinte, dass er die Hand zum Faschisten-Gruß heben (was im Übrigen die gleiche Armbewegung wie beim Hitler-Gruß war) und dazu »Evviva il Duce!« rufen würde. Das machte mich zornig, denn das Italien des Duce hatte Hitler nicht daran gehindert, Österreich zu annektieren (anders als vier Jahre davor, als Italien sich anschickte, Österreich nach dem Nazi-Putsch, im Zuge dessen Dollfuß ermordet wurde, zu Hilfe zu eilen). Onkel Willi verschaffte sich nur einen kurzen Eindruck von der Situation. Dann sagte er zu V. und M., dass wir so schnell wie möglich weg müssten, koste es, was es wolle. V. verkaufte also sein Geschäft mit enormem Verlust – was freilich nicht wirklich etwas ausmachte, weil Emigranten aus dem Reich den neuen Bestimmungen zufolge nur eine sehr kleine Geldsumme mitnehmen durften. Zu unserem Glück hatten wir gültige Visa für Italien, wo wir wie immer den Sommer hatten verbringen wollen. Onkel Willi traf uns am Grenzbahnhof, mit dem Faschistenabzeichen, weil er sicher gehen wollte, dass wir über die Grenze kamen. Es gelang uns und das war der Beginn eines völlig anderen Lebensabschnitts.

Wie immer, wenn wir nach Italien reisten, fuhren wir vom Südbahnhof ab. Wir hatten sehr wenig Gepäck, weil wir den Eindruck erwecken wollten, wir wären nur ganz gewöhnliche Touristen, die in die Ferien aufbrachen. Teile unseres Besitzes hatten wir einer Spedition anvertraut, die sie nach Italien bringen sollte (wir haben nie wieder etwas davon gesehen). Es war Abend. Der Zufall wollte es, dass eine große HJ-Gruppe in denselben Zug einstieg, offensichtlich auf dem Weg zu irgendeinem Ausbildungslager. Sie waren ein ungestümer Haufen in brandneuen Uniformen und braunen Hemden mit Hakenkreuzbinden. Sie sangen ihre Lieder. Einige dieser HJ-Burschen waren genauso alt wie ich. Sie waren der letzte Eindruck, den ich aus Wien mitnahm.

V. kam nie mehr nach Wien zurück. Nach dem Krieg, als er in New York lebte, korrespondierte er mit verschiedenen Personen in Wien. Er hatte wohl vor, seine Heimatstadt zu besuchen, aber seine schlechte Gesundheit hielten in von diesem Vorhaben ab. M. fuhr ein- oder zweimal nach Wien zurück. Es machte ihr zwar Freude, alte Freunde zu treffen (auch Wolfis Mutter), aber sie hat Wien nie wirklich geliebt und darum war dieser Besuch, so weit ich das beurteilen kann, auch keine besonders gefühlsbetonte Sache.

Ich kam das erste Mal im Sommer 1955 wieder nach Wien. Ich war 26, amerikanischer Staatsbürger, erst kürzlich aus der U.S. Army entlassen und (ebenfalls erst seit kurzem) frisch promovierter Doktor der Soziologie. Eigentlich hatte mich schon davor eine kurze Reise nach Österreich geführt. Ich hatte für die Evangelische Akademie Bad Boll in Württemberg ein Forschungsprojekt übernommen, doch bevor die Arbeit beginnen sollte, blieb mir noch etwas Zeit. Ein Mitarbeiter der Akademie wollte zu einem protestantischen Jugendlager in den österreichischen Alpen fahren und lud mich ein, mit ihm zu kommen. Er fuhr mit seinem schrottreifen Volkswagen mit halsbrecherischer Geschwindigkeit, weil er vor Einbruch der Dunkelheit ankommen wollte. Wir schafften es dann aber doch erst in der Nacht. Die Grenze war nicht besetzt, und so fuhren wir einfach hinüber. Plötzlich beleuchteten unsere Schweinwerfer ein Schild. Darauf waren der österreichische Adler (etwas modifiziert gegenüber dem Adler der Dreißiger Jahre) und eine Aufschrift: *Republik Österreich*. Das Schild verschwand gleich wieder im Dunkeln, aber die Tatsache, dass ich wieder auf österreichischem Gebiet war, bewegte mich tief. Das Lager hatte freilich nichts mit Österreich zu tun, dort waren nur langweilige deutsche Teenager und ihre ebenso langweiligen Betreuer.

Später im Sommer nahm ich den Zug nach Wien. Ich quartierte mich in der Innenstadt ein und ging auch hauptsächlich dort spazieren. Zu diesem Zeitpunkt waren die Kriegsschäden bereits beseitigt – mit großer Sorgfalt waren die Gebäude wieder so hergestellt, wie sie vor dem Krieg ausgesehen hatten. Zumindest dieser Teil von Wien sah fast genauso aus, wie ich ihn aus meinen Kindertagen in Erinnerung hatte. Mascha Breunig, Wolfis Mutter, meinte: »Du musst Dich ja wie verzaubert fühlen!« Und tatsächlich: Meine Spaziergänge verliefen manchmal wie im Traum. Natürlich, da waren die großen öffentlichen Gebäude – der Stephansdom, das Parlament, die Hofburg und die großen Museen. Aber es gab auch viel intimere Wiederbegegnungen – da waren die beiden Geschäftslokale, die V. gehört hatten, das frühere Geschäft meines Großvaters an der eleganten Kärntnerstraße, das jetzt seiner »arischen« Witwe gehörte (über dem Eingang prangte noch der Name »Carl Hermann Berger«), der Volksgarten, wo ich als Kind gespielt hatte, mit seinem geheimnisumwitterten Theseustempel. Das Spielzeuggeschäft Kober war noch da, wohin meine Eltern immer mit mir gegangen waren, wenn sie mich für gutes Benehmen belohnten, und auch die Konditorei Sluka, wo es die köstlichen Schokoladestanitzel gab. Sie waren in Schokoladekuvertüre getaucht und mit Schokoladecreme gefüllt. Dieses Wiener Musterbeispiel für ungesunde Süßigkeiten, bekannt als Slukaspitz, war das absolute Lieblingsgebäck meiner Kinderjahre, das ich immer nur zu ganz besonderen Anlässen bekommen hatte. Also ging ich in die Konditorei und bestellte einen Slukaspitz, der selbstverständlich prompt serviert wurde. Eigentlich nicht weiter überraschend erschien er mir jetzt aber viel kleiner (vielleicht war er es auch), und sein Verzehr gab eindeutig kaum noch Anlass zur Ekstase. Auch die Straßenbahnen gab es noch, stromlinienförmiger als früher, aber immer noch rot. Und die Polizisten trugen die gleichen Uniformen wie in den Tagen, als sie noch nicht Schupos nach deutschem Muster geworden waren.

Ich fuhr mit dem J-Wagen in den achten Bezirk zu unserem alten Wohnhaus in der Piaristengasse. Im Erdgeschoss war in meiner Kindheit ein Bandagist gewesen, der eigenartige Verbände und Beinprothesen in der Auslage ausstellte, was mich als Kind immer geängstigt hatte. Das Geschäft war immer noch da. Ich nahm den Fahrstuhl zu unserer alten Wohnung und läutete an. Eine freundliche Dame mittleren Alters öffnete. Ich erklärte ihr, dass ich als Kind in dieser Wohnung gewohnt hatte, und bat, sie mir ansehen zu dürfen. Sie erlaubte es sofort. Ich ging durch die Wohnung, die (natürlich) viel kleiner war, als ich sie in Erinnerung hatte, aber da war nichts, was vertraut auf mich wirkte. Ich schlenderte dann in der nächsten Umgebung umher, vorbei an meiner alten Volksschule in der Lange Gasse zur Piaristenkirche, in die mein Kindermädchen Lisi immer gegangen war. Aber außer diesen beiden Orientierungspunkten stieß ich auf nichts Bemerkenswertes. Dennoch umhüllte mich auf diesen Pilgerwegen die Sprache wie eine behagliche Decke, egal ob es Hochdeutsch mit Wiener Akzent oder Dialekt war. Wenn ich sprach, kam diese Sprache ganz natürlich auch von meinen Lippen, und so wurde ich als Einheimischer wahrgenommen.

Schon diese wenigen Details zeigen, dass meine leicht

traumwandlerische Rückkehr eine grundsätzlich positive Erfahrung war. Diese angenehmen Erinnerungen konnten offensichtlich ganz friedlich neben den sehr negativen an die Tage unserer Abreise aus Wien bestehen. Und es gab Orte, die ich mit solchen Erlebnissen verbinde: Der Rathausplatz, nahe der Konditorei Sluka, wo V. und ich einmal in eine gewalttätige Nazi-Demonstration geraten waren. Der Michaelerplatz bei der Hofburg, wo die Nationalsozialisten über dem Eingang des Looshauses eine Art Heiligenschrein mit einem Hitler-Porträt und Hakenkeuzfahnen angebracht hatten. Sturmbannführer flankierten ihn. Jeder, der vorbeiging, musste den Hitler-Gruß leisten. Also hatte man mich angewiesen, dem Ort niemals auch nur in die Nähe zu kommen.

Bei meinen Spaziergängen als Erwachsener beobachtete ich nun die Passanten, die Mitte Dreißig oder älter waren, und rätselte, welche Untaten sie vielleicht vor zehn Jahren begangen hatten. Auch in Deutschland beschäftigte mich das immer. (Die angenehme Seite meiner Reisen nach Österreich und Deutschland seither ist, dass solche unangenehme Gedanken nur mehr durch sehr alte Menschen hervorgerufen werden.) Aber ich war nicht nach Wien gekommen, um Wunden wieder aufzureißen oder Rachegefühle zu kultivieren. Ich war gekommen, um meine Kindheit und damit V.s Welt wieder zu erleben. Und das ist mir bestens gelungen.

Ich glaube, dass meine Fähigkeit, die Erinnerungen an 1938 auszuklammern, viel mit den Menschen zu tun hat, die ich bei meiner ersten Rückkehr besucht habe. Zum Beispiel mit Tante Kitty, V.s »halbjüdischer« Stiefschwester, und ihrer Familie. Sie hatte es während des Krieges sehr schwer gehabt, und logischerweise war sie weit davon entfernt, mit den Nazi verstrickt gewesen zu sein. Oder mit einigen Sozialwissenschaftern und Theologen, deren politischer Hintergrund mir bekannt war. Vor allem aber ist es wohl den Breunigs zu verdanken, Wolfis Familie, die mich überschwänglich und liebevoll willkommen hieß. Seit damals ist das Haus der Breunigs am Petersplatz das Zentrum meines »Erwachsenen«-Wien.

Der Petersplatz liegt hundert Meter vom Stephansplatz entfernt und ist eine von Fußgängerzonen umgebene belebte Ecke im Zentrum der Innenstadt. In der Mitte die Peterskirche, dieser schön dimensionierte Bau mit Barockkuppel, wo jetzt, meines Wissens nach, Opus Dei ein Zentrum hat. Das Breunig-Haus liegt schräg gegenüber jenem, in dem V. sein letztes Geschäft hatte. 1955 war dort ein Modegeschäft, seither gab es einige Inhaber- und Branchenwechsel. Das Haus der Breunigs hat in seinen Grundmauern Ziegel aus der Römerzeit, seine heutige Fassade stammt aus dem 18. Jahrhundert und beherbergte eine Bäckerei, in der – laut einer lokalen Legende (die von den Hauseigentümern eifrig genährt wurde) – schon Mozart sein Frühstücksgebäck gekauft haben soll (was recht unwahrscheinlich klingt). Wolfis Großvater, ein Bäcker, hat das Haus Ende des 19. Jahrhunderts erworben und seit damals blieb es im Familienbesitz. Johann Breunig war übrigens stets stolz darauf, persönlicher Lieferant des Kaisers zu sein – k.u.k.-Hoflieferant war zu jener Zeit eine Auszeichnung, aber die persönliche Belieferung für die kaiserliche Familie war ein noch größeres Privileg.

Als ich zum ersten Mal in meinem Erwachsenenleben auf den Petersplatz kam, wurde mir plötzlich klar, dass dieses Haus eine Metapher für die Weiterentwicklung der bürgerlichen Berufe aus den Handwerksberufen ist, denn noch immer war dort die Bäckerei mit ihrem ebenerdigen Verkaufslokal angesiedelt. Eine Treppe höher war die Rechtsanwaltskanzlei von Wolfis Vater und darüber die Wohnung. Wolfi, der Ingenieur geworden war und eine Ärztin geheiratet hatte, wohnt bis heute in diesem Haus, in das er als 14-Jähriger einzog. Seine Kinderzeit verbrachte er in der Wipplingerstraße, wo ich ihn häufig besuchte. Über die Jahrzehnte waren vier Generationen der Breunigs hier ein- und ausgezogen. Auch jetzt, während ich dieses Buch schreibe, leben in diesem Haus Wolfi und seine Frau, seine Tochter mit ihrem Mann und drei Kindern. Breunig junior wohnt mit seiner Familie nicht weit entfernt und besucht häufig das Elternhaus.

Ich glaube, Wolfi und ich beneiden uns gegenseitig: Ich beneide ihn um die erstaunliche Kontinuität und Stabilität seines Lebens, und er beneidet mich um das, was ihm als nicht weniger erstaunliches Weltbürgertum erscheinen muss.

Die Bäckerei gab es auch noch, als Wolfi schon seine erfolgreiche Laufbahn als Ingenieur eingeschlagen hatte. Es wurde auch erwartet, dass er sie übernehmen würde. Ich erinnere mich, wie er am Abend, wenn er aus der Arbeit kam, an seinem Tisch saß und Riesenmengen kleiner Münzen zählte, die die Bäckerei tagsüber eingenommen hatte. Das ganze Haus duftete nach frischem Brot, und das Rumpeln der Backöfen verstummte auch in der Nacht nicht. Irgendwann hatte Wolfi genug davon. Er schloss die Bäckerei und vermietete das Geschäftslokal an eine Schneiderin. Mascha Breunig lebte damals noch. Sie sagte mir: »Weißt du, ich vermisse die Geräusche der Nacht.« Ich vermisste den Duft. Sogar jetzt noch glaube ich manchmal, wenn ich das Haus betrete, dass ich einen schwachen Überrest davon wahrnehmen kann, ein sinnliches Phantom meiner glücklichen Kindheit.

Mein Großvater, Carl Hermann Berger, kam als junger Mann aus Zuberec, einem slowakischen Dorf im damaligen Ungarn, nach Wien. Sein Vater betrieb dort eine Art Gemischtwarenhandlung. Er muss wohl das gewesen sein, was man damals Schnapsjude nannte – ein Kaufmann mosaischen Glaubens, der Spirituosen verkaufte. V. war als Kind einmal dort gewesen und erinnerte sich an einen abstoßend schmutzigen Ort mit ungepflasterten, schlammigen Straßen und heruntergekommenen Häusern. Zuberec ist heute ein stark frequentierter Fremdenverkehrsort am Fuß der Hohen Tatra.

Carl Hermann war Schneider und, allem Anschein nach, ein guter Schneider. Er hatte in Wien innerhalb kürzester Zeit einen so großen Erfolg, dass man ein dunkles Ge-

»Das ganze Haus duftete nach frischem Brot«:
Bäckerei Johann Breunig auf dem Petersplatz, 1950

heimnis dahinter witterte. Der Klatsch wollte wissen (so erzählte mir zumindest V.), dass die Frau, die meine Großmutter werden sollte (sie hieß Ida und stammte aus einer deutschen Familie), von einem Mitglied des Hochadels schwanger geworden wäre. Man hätte Carl Hermann eine riesige Summe gezahlt, damit er sie heiratete und das Kind als sein eigenes anerkannte. Ob das wahr ist, kann ich nicht sagen, es erscheint mir allerdings einigermaßen unwahrscheinlich. Wie auch immer, Carl Hermann eröffnete schon bald ein Herrenmodengeschäft auf der Kärntnerstraße und nannte es »Zur Englischen Flotte«, um die solide britische Herkunft der verwendeten Stoffe zu signalisieren. Das Geschäft erwarb einen ausgezeichneten Ruf für seine maßgefertigten Anzüge und Hemden und wurde von reicher Klientel aus dem In- und Ausland frequentiert. Einer der Kunden war ein russischer Prinz, der einmal im Jahr kam und eine große Menge vorbestellter Waren kaufte, von denen er einige sofort an das Geschäftspersonal verschenkte. Carl Hermann war bald ziemlich wohlhabend und konnte seiner wachsenden Familie einen angenehmen großbürgerlichen Lebensstandard bieten. Sie wohnte in einer herrschaftlich eingerichteten Wohnung in der Wiener Innenstadt und verbrachte die Sommer in Baden bei Wien.

Carl Hermann hatte vier Kinder, die bis ins Erwachsenenalter lebten (zwei weitere starben sehr früh), drei Töchter und V. Die älteste Tochter (über die es den erwähnten Klatsch gab) beging Selbstmord, um einer unglücklichen

Ehe zu entkommen, angeblich, nachdem Carl Hermann ihr gesagt hatte, dass eine Scheidung nicht in Frage kommt. Fotografien und das Ölgemälde, das ich noch immer besitze, zeigen Carl Hermann als attraktiven Mann, der zur Unterstreichung seiner Männlichkeit einen feschen Bart trug und Augen hatte, die gebieterisch in die Welt blickten. Obwohl er nach außen hin großen Wert auf bürgerliche Ehrbarkeit legte, scheint er seine männlichen Bedürfnisse nicht nur in der Ehe ausgelebt zu haben. Häufig war er auf Geschäftsreisen, besonders nach London, und Gerüchten zufolge hielt er sich dort eine Geliebte. Seine Frau Ida starb kurz vor oder während des Ersten Weltkriegs. Carl Hermann war damals in seinen frühen Sechzigern. Er heiratete eine achtzehnjährige Angestellte, die in der Familie nur »die schöne Frieda« hieß. Mit ihr zeugte er noch eine weitere Tochter. Diese späte Ehe verursachte dann auch die schmerzlichste Episode in V.s Leben.

Mein Vater hieß Georg. Eine Mittelinitiale legte er sich erst in Amerika zu, weil er der Meinung war, das wäre dort so üblich. Er nannte sich George W., auch wenn nie zu eruieren war, was denn das W. bedeuten sollte. Einmal sagte er, vielleicht im Scherz, dass W. für Wellington stünde. Ein andermal bemerkte er, dass Präsident Harry S. Trumans »S.« keine Abkürzung wäre und er sich daher berechtigt fühle, ebenfalls eine Mittelinitiale zu führen. V.s Freunde nannten ihn Schorsch, sein Kosename aus der Wiener Zeit, M. benützte die Verkleinerung – Schorschi.

Als einziger Sohn galt V. immer als künftiger Erbe der

»Flotte«. Sein Vater nahm ihn regelmäßig ins Geschäft mit, wo ihn das Personal bewunderte und verwöhnte. Gleichermaßen wurde er auch in der Familie verwöhnt, besonders von seinen Schwestern. Er lernte schon sehr früh alles, was man als Herrenausstatter wissen musste, er kannte auch alle Regeln des guten Geschmacks, vor allem die Herrenmode seiner Zeit betreffend. Er hatte zwei Gouvernanten, eine »Miss« und eine »Mademoiselle«, die ihm Englisch und Französisch beibrachten (ich vermute freilich, dass sie ihm auch noch andere Lektionen erteilten). Und so sprach er beide Sprachen fließend. Mit Erfolg schloss er eine Realschule ab, eine naturwissenschaftlich orientierte Ausbildung. Laut Gesetz musste der Inhaber eines Schneidergeschäfts selbst Schneidermeister sein (dieses Gesetz geht wahrscheinlich auf die mittelalterlichen Zünfte zurück), und so musste V. eine Schneiderlehre machen und mit der Meisterprüfung abschließen. Dann wurde er für ein Jahr als Volontär zu einem Herrenausstatter nach London geschickt, damit er eine Legitimation als Repräsentant britischer Mode vorweisen konnte. Ihm ist dieses Jahr als besonders glücklich in Erinnerung geblieben. Aber auch seine Jugend in Wien war eine sehr glückliche gewesen. Ich habe keinen Grund, seine Version dieses Lebensabschnitts in Zweifel zu ziehen: Sein eingefleischter Optimismus und seine Lebensfreude, die für ihn so charakteristisch waren, mussten mit diesem Lebensabschnitt zusammenhängen.

Es gibt zahlreiche Bücher, die die Jahre vor dem Untergang des Habsburgerreiches und insbesondere das Wien des Fin de Siècle verklären. Dass man sie eher skeptisch betrachten muss, ist wohl gar nicht nötig anzumerken. Ich habe die dunkle Seite der Wiener Gemütlichkeit schon erwähnt – und auch darüber wurden Bücher geschrieben (es seien hier nur die leidenschaftliche Kritik und die Satiren von Karl Kraus erwähnt, der die Wiener Gesellschaft ebenso verachtete wie liebte). Es ist jedoch glaubhaft, dass das Leben damals für einigermaßen wohlhabende Mitglieder des Bürgertums, ob sie Juden waren oder nicht, ausgesprochen angenehm war. Es gab natürlich Antisemitismus, manchmal auch in seinen hässlichen Ausprägungen, aber man konnte sich dagegen abschirmen, besonders weil der Staat und das Gesetz Schutz gewährten. V. konnte sich kaum an antisemitische Erfahrungen in seiner Jugend erinnern. Der mosaische Glauben wurde in seiner Familie – wenn überhaupt – nur sehr oberflächlich praktiziert und das Judentum keinesfalls als wichtiger Teil ihrer Identität angesehen. Die bürgerliche Gesellschaft damals war hedonistisch und permissiv. Was den moralischen Anspruch betrifft, so wurde selbstverständlich mit zweierlei Maß gemessen. Von den Mädchen wurde erwartet, dass sie als Jungfrauen in die Ehe gingen (obwohl ich sicher bin, dass auch dabei oft getrickst wurde), während von ihren Brüdern erwartet wurde, dass sie schon vor ihrer Verehelichung das weite Feld der Erotik kennen gelernt hatten. Mein Eindruck ist, dass sich damals Wiens Großbürgertum, kaum in den Hafen der Ehe eingelaufen, beeindruckend häufig in außereheliche Affären stürzte. In diesem

Zusammenhang fällt mir eine Bemerkung über diese Periode in den Memoiren von Peter Drucker ein. Er frage sich, wieso Freud so viele Patienten mit Angstzuständen hatte, die aus sexueller Verdrängung resultierten, wo doch die Gesellschaft überhaupt nicht repressiv war. Mit ironischem Unterton stellt Drucker folgende Hypothese auf: Das bürgerliche Wien – jüdisch oder nicht – war an sich permissiv. Man war aber äußerst besorgt um Status und Geld. In einer wirtschaftlich so aufgeheizten Stimmung waren viele erst kurz zuvor in eine bessere Gesellschaftsschicht aufgestiegen, weshalb tief sitzende Ängste vor dem Verlust dieser Position als sexuelle Probleme gedeutet wurden – und Freud fiel darauf herein.

Der Krieg beendete V.s goldene Jugend. 1914 war er 24. Wie alle anderen tauglichen Absolventen einer höheren Schule hatte auch er seinen Militärdienst abgeleistet und war Reserveoffizier. Also wurde er sofort eingezogen, als der Erste Weltkrieg ausbrach. Die Kriegsjahre waren sehr wichtig für ihn, wovon ich gleich berichten werde. Es war jedoch Carl Hermanns Frieda, die einen viel tieferen Einschnitt in seinem Leben verursachte. Vielleicht sollte ich vorausschicken, dass Frieda nach allem, was ich über sie gehört habe (selbst gekannt habe ich sie nicht), keineswegs eine bösartige Frau gewesen war. Es ist schwer zu glauben, dass sie einen Mann, der alt genug war, ihr Großvater zu sein, aus Liebe geheiratet hatte (obwohl ich glaube, dass man in Liebesangelegenheiten überhaupt nichts apodiktisch ausschließen kann). Nach ihrer Heirat sorgte Frieda gut für den alten Mann, der in sie und ihre gemeinsame kleine Tochter ganz vernarrt war. Es leuchtet ein, dass er sein Testament nach der Hochzeit mit Frieda geändert hat. V. war nicht länger der Alleinerbe der »Flotte«. Frieda und er sollten sie gemeinsam erben und gemeinsam führen. Jeder beliebige Rechtsanwalt hätte Carl Hermann sagen können, dass dieses Testament unentrinnbar in eine Katastrophe münden musste.

V. kam aus dem Krieg heim, während dem er eine kurze und sehr unglückliche Ehe eingegangen war, die rasch geschieden wurde. Carl Hermann starb bald darauf. Eine Zeitlang versuchten V. und Frieda Großvaters letzten Willen zu erfüllen und das Geschäft gemeinsam zu führen, aber das Testament hatte keinerlei Verfügungen getroffen, wer wofür zuständig sein und wie der Gewinn aufgeteilt werden sollte. Sehr bald schon lagen sich die beiden Erben in den Haaren. V. versuchte, das Testament bei Gericht anzufechten. Die Verhandlungen zogen sich bis in die zwanziger Jahre (Robert Breunig, Wolfis Vater, war V.s Anwalt). An einem bestimmten Punkt tauchte als beste Lösung der Misere die Idee auf, dass V. Frieda selbst heiraten sollte (sie war ohnehin jünger als er). Noch lange danach amüsierte es ihn, sich die abenteuerlichen Familienverhältnisse vorzustellen, die eine solche Ehe zur Folge gehabt hätte – er wäre sein eigener Vater und sein eigener Sohn gewesen, seine Schwestern seine Stiefkinder und so weiter. Aus dieser Idee wurde natürlich nichts.

In der Zwischenzeit hatten meine Eltern geheiratet, und

»Frieda zahlte V. mit einer stattlichen Summe aus, dafür verzichtete er auf alle seine Ansprüche an der ›Flotte‹‹: Eintragung der »Englischen Flotte« ins Handelsregister Wien, 1900 ihre ersten Ehejahre waren von gerichtlichen Auseinandersetzungen über V.s Erbe überschattet. Endlich wurde ein Vergleich erzielt, Frieda zahlte V. mit einer stattlichen Summe aus, dafür verzichtete er auf alle seine Ansprüche an der »Flotte« und gründete sein eigenes Geschäft. Trotzdem war er stets zutiefst davon überzeugt, dass er betrogen und verraten worden war. Nie mehr sprach er mit Frieda auch nur ein Wort und verlangte vom Rest der Familie, sie ebenfalls zu meiden. Meine Cousinen, die Töchter von V.s jüngerer Schwester, erzählten mir manchmal, dass sie Kitty, die Tochter Carl Hermanns mit seiner zweiten Frau Frieda, auf der Straße oder im Park gesehen hätten. Allem Anschein nach war sie ein entzückendes Mädchen, aber es war uns verboten, mit ihr Kontakt zu halten. Nach dem Zweiten Weltkrieg begann ein Briefwechsel zwischen V. und Kitty, die die Familienbande wiederaufleben lassen wollte. Als Erwachsener habe ich sie mehrmals besucht, aber V. und Kitty sind einander niemals begegnet. Nach Friedas Tod erbte Kitty die »Flotte«. Jedes Mal, wenn ich durch die Kärntnerstraße ging, sah ich mit großer Freude, wie der Name meines Großvaters immer noch über dem Eingang prangte. Ich ließ mir sogar einmal einen Anzug dort anfertigen (es war mein erster Maßanzug). Dann ging Kitty in Pension und verkaufte das Geschäft an Benetton. Der Name meines Großvaters war verschwunden.

V. und M. trafen noch vor dem Krieg in Portorose (jetzt Portorož, Kroatien) aufeinander, einem Kurort, der im Habsburger Reich zur »Österreichischen Mittelmeerküste« oder auch »Österreichischen Riviera« gehörte. Dort arbeitete M.s Vater als Kurarzt (was bedeutete, dass er kaum etwas zu tun hatte, sieht man davon ab, dass er die verwöhnten Hypochonder aus der damaligen High Society umhegen musste). V. muss damals 23 gewesen sein, M. ungefähr 17. Sie lernten einander am Swimmingpool kennen. V. war beeindruckt. Mir ist auch klar, warum: Fotografien zeigen M. als sehr attraktive junge Frau mit der Ausstrahlung unschuldiger Frische. V. wirkte gutaussehend, großstädtisch und ein bisschen einschüchternd auf sie. Er sprach sie mit dem besten Wiener Charme an, dessen er fähig war, was M. lächerlich und peinlich fand (sie war an die spielerische Verführungskunst der kaiserlichen Hauptstadt nicht gewöhnt). Weil sie nicht mehr ein und aus wusste, sprang sie ins Becken und schwamm davon. Es muss aber noch einige weitere Gespräche gegeben haben, denn sie begannen nach V.s Abreise zu korrespondieren und haben den Kontakt zueinander nie abreißen lassen. V. erinnerte sich gerne daran, wie sehr ihn M.s Intelligenz und Bildung in diesen Briefen beeindruckt hatten. Ihm gefiel auch der leichte Akzent ihres ansonst fließenden Deutsch und ihr Name – Jelka – bezauberte ihn (wie sie zu diesem kroatischen Vornamen kam, ist wieder eine andere Geschichte).

Nachdem sie im Krieg in Militärspitälern als Krankenschwester gearbeitet hatte, kam M. 1918 ganz allein nach Wien, ihre Familie blieb in Triest (das gerade an Italien gefallen war). Ich weiß nicht, warum sie sich zu diesem Schritt entschlossen hatte. Sie nahm einen Posten bei den

Assicurazioni Generali in Wien an, einer großen Versicherungsgesellschaft mit Sitz in Triest. Die Versicherung gibt es immer noch, auch das Wiener Büro in unmittelbarer Nähe zum Petersplatz. M. und V. heirateten am 6. Dezember 1923. Sie feierten ihren Hochzeitstag alljährlich, eben am Nikolaustag. Am Tag davor aber war Krampus. Und jedes Jahr am Hochzeitstag schenkte V. seiner Angetrauten einen kleinen Krampus – entweder eine Gipsfigur oder ein kleines Bild. Sie hatte eine Schachtel voll von diesen Krampussen. Jahre später malte V. ein großes Bild, auf dem er zeigte, was in all den Jahren ihrer Ehe geschehen war – und über dem Bild eines jeden Jahres thronte ein Krampus. Ab 1929, also ab dem Jahr meiner Geburt, spielte ich die Hauptrolle auf diesen Jahresbildern. Und da ich das einzige Kind blieb, waren wir von da an immer zu viert zu sehen – V., M., ich und der über allem waltende Krampus.

Kinder können die Ehen ihrer Eltern nie wirklich beurteilen. Vielleicht gab es Seiten dieser Ehe, die mir nie aufgefallen sind. Ich glaube aber nicht. Alle meine Erinnerungen deuten darauf hin, dass V. und M. tatsächlich glücklich verheiratet waren. M. hat immer wieder gesagt, dass V. nie aufhörte, sie zu amüsieren und zu erheitern. Er war gesellig, meist der Mittelpunkt jeder Gesellschaft, und ein unermüdlicher Witze-Erzähler. (Er ermutigte mich von klein auf, auch Witze zu erzählen. Ich befolgte diesen Rat fleißig. Und mit Genugtuung stelle ich fest, dass ich diese Gabe an meinen älteren Sohn und zuletzt auch an meine Enkelin weitervererbt habe.) V. starb neun Jahre vor M., sie blieb untröstlich zurück. Auf der anderen Seite konnte V. auf M.s Empathie und auf ihre sanfte Unterstützung ebenso zählen wie auf ihre absolute Loyalität. Sie blieben einander rührend ergeben durch viele schwere Jahre hindurch – all die Jahre des Kampfes mit Frieda, des ausbleibenden Erfolges seiner Selbstständigkeit, des tiefen Einschnittes durch die erzwungene Abreise aus Wien und der vielen Schwierigkeiten, die ihr Leben als Emigranten in den darauffolgenden Jahren bestimmten. All das geschah lange nach dem ersten unschuldigen Zusammentreffen in Portorose. Davor aber kam der Erste Weltkrieg mit seinen weitreichenden Konsequenzen für beider Leben.

V. war Erster Offizier der Reserve beim k.u.k. Husaren-Regiment Nummer 15. Die Husaren waren die prestigeträchtigste Abteilung der Kavallerie. Wie alle Einheiten der Husaren war das Regiment beinahe rein ungarisch, wenn auch einige Offiziere Österreicher waren. Auch in der Reserve hatte V. an einigen Manövern teilgenommen und war mit den meisten anderen Offizieren gut bekannt. Auch Ungarisch hatte er dort wenigstens in Grundzügen gelernt. Das Regiment war in der Stadt Nyiregyhaza stationiert, und dorthin fuhr er zum Rapport, gleich nach der Kriegserklärung im August 1914. Seine Erzählungen über diese Zeit decken sich mit allen Quellen, die ich dazu gelesen habe. In Österreich-Ungarn, wie auch in allen anderen Ländern, die auf beiden Seiten am Krieg teilnahmen, kam es zu einer schieren Explosion von patriotischem Enthusiasmus. Wien war überschwemmt von Loyalitätskundgebungen für den alten Kaiser. So marschierten die Soldaten mit stolzgeschwellter Brust an die Front, und überall herrschte die unerschütterliche Überzeugung, dass dieser Krieg einer gerechten Sache diente – Serbien musste ein für alle Mal eine Lektion erteilt werden. Man war einhellig der Meinung, dass die Kampfhandlungen vor Weihnachten zu Ende sein werden. Auch V. scheint keinerlei Zweifel über die Notwendigkeit dieses Krieges gehabt zu haben und sah seine Mobilisierung als seine erste Pflicht. Viele Jahre später, schon nachdem er sich in Amerika zur Ruhe gesetzt hatte, verfasste er ein schmales Bändchen, in dem der Krieg einen großen Teil einnimmt (viel von dem, was ich hier schreibe, hat diese Schrift zur Grundlage, auch wenn ich viele Geschichten schon in meiner Kindheit gehört habe). Sogar Jahrzehnte danach war er davon überzeugt, dass sowohl der Krieg als auch seine Rolle darin gerechtfertigt waren (mit Ausnahme einer schrecklichen Episode, auf die ich noch eingehen werde).

Zu Beginn muss noch ziemliches Durcheinander vorgeherrscht haben. Es gab nicht genug Uniformen, zahlreiche Ausrüstungsgegenstände wurden erst angeliefert, und sogar die Vorräte für die Truppenversorgung waren nicht ausreichend organisiert, so dass Ehefrauen und Mütter der Soldaten in die Baracken kamen, um zu kochen. Die Offiziere dagegen lebten in Saus und Braus, denn die örtlichen Adelsfamilien traten in einen wahren Betreuungswettbewerb. So jagte ein Festmahl das andere, gekrönt von

Trinksprüchen auf den Kaiser und Hochs auf die österreichisch-ungarische Monarchie. Die Offiziere trugen noch die traditionelle Husarenuniform – dunkelblau und über und über goldene Bänder. Sie müssen einen prächtigen Anblick geboten haben.

V.s Regiment wurde an die Ostfront geschickt (nur wenige österreichische Einheiten kämpften im Westen), wo V. den Großteil der Kriegsjahre verbrachte, teils in kämpfenden Einheiten, teils in der Stabsleitung. In heiterer Erinnerung blieb ihm eine Szene, die die Leichtigkeit in der Stimmung wiedergab, die zu Beginn des Krieges herrschte: V.s Schwadron musste eines Morgens gegen eine russische Einheit in der Nähe ausrücken. Sie formierten sich zum Angriff, immer noch in ihren blau-goldenen Uniformen (sicher hat der Trompeter das Signal geblasen, das später unser »Familienpfiff« wurde). Die Kundschafter hatten sich geirrt: Am Schauplatz gab es weit und breit keine Russen. Später kämpften sie doch noch gegen russische Einheiten, und V. musste einmal eine große Zahl russischer Kriegsgefangener beaufsichtigen (die allem Anschein nach gut behandelt wurden). Diese ersten Erinnerungen an den Krieg waren besonders schmerzlich, denn schon bald danach verloren die Husaren genauso wie die gesamte Kavallerie Pferde und Uniformen. Berittene Einheiten waren in einem Schützengrabenkrieg, der nun folgte, nicht mehr einsatzfähig, und die alten Uniformen erwiesen sich als wahre Zielscheiben für den Feind. Die Husaren wurden der Infanterie zugeteilt und ihre Uniformen, wie die aller anderen Soldaten durch feldgraue ersetzt. Diese Veränderungen wurden bei all ihrer Notwendigkeit heftig bedauert.

Natürlich gab es schreckliche Vorfälle. V. geriet einige Male selbst in Lebensgefahr und musste zuschauen, wie Kameraden fielen. Ich glaube aber, dass all diese Erfahrungen V.s positive Lebenseinstellung nicht wirklich beeinträchtigt hatten; sie trugen nur zu einem gewöhnlich unterdrückten Hang zur Traurigkeit bei. Es ist nicht unwichtig, sich zu vergegenwärtigen, dass mein Vater damals noch ziemlich jung war und dass die Vitalität der Jugend in Kriegszeiten besondere Energien hervorbringt. Es gab einige Ereignisse, an die er sich immer mit einiger Belustigung erinnerte. Einmal ritt seine Schwadron in einer vornehmlich jüdischen Stadt ein (irgendwo entweder im österreichischen Galizien oder im russischen Teil Polens). V. führte seine Abteilung, hoch zu Ross, noch in der traditionellen Husarenuniform. Ein Mann auf der Straße rief laut auf Jiddisch (und mit Bewunderung, glaube ich): »Schau! Ein Jud auf einem Pferd!« V. sah nicht besonders jüdisch aus und wunderte sich daher noch lange, woher der Mann von seiner Herkunft gewusst haben mag.

Später, als er im Generalstab arbeitete, bekam er den Befehl, ein mobiles Offiziersbordell zu organisieren (die Rekruten waren in dieser Hinsicht offensichtlich sich selbst überlassen). Diese Weisung war eine echte Herausforderung. V. beauftragte einen jüdischen Zuhälter aus der Umgebung, ihm die notwendigen Frauen aufzutreiben (alle waren erfahrene Prostituierte) und ließ sie sich zur

Inspektion bringen. V. hat nie erzählt, wie diese Inspektion abgelaufen ist. Wie auch immer, die Frauen wurden vom Stabsarzt untersucht, bekamen Armee-Ausweise (natürlich keine Uniformen) und wurden mit großzügigem Sold sowie Pferdekutschen ausgestattet. Dieses noble Etablissement operierte sodann mobil in einem ziemlich großen Gebiet hinter der Ostfront, und noch Monate später erhielt V. überschwängliche Dankesbriefe von seinen zufriedenen Offizierskollegen.

Ein anderes Mal bekam V. den Befehl, ein deutsches Armeefahrzeug an sich zu bringen. Seiner Einheit waren die Autos ausgegangen und ein befehlshabender Offizier hatte gehört, dass nicht weit von ihrer Stationierung eine deutsche Einheit stünde, die über eine ganze Menge Autos verfügte. (Ich sollte wohl hinzufügen, dass zwischen diesen beiden verbündeten Armeen keine großen Sympathien herrschten.) V. wurden Papiere ausgehändigt, die ihn als Sonderbeauftragten in wichtiger Mission auswiesen. Er machte sich auf den Weg in das deutsche Lager, gab zu Protokoll, dass sein Fahrzeug zusammengebrochen sei und verlangte mit deutlichem Nachdruck ein Auto. Seine Papiere überzeugten, und so gab man ihm den Wagen, natürlich mit der Auflage, ihn nach Durchführung seiner Aufgabe sofort wieder zurückzuerstatten. Er brachte das Fahrzeug hinter die österreichischen Linien, wo die deutschen Kennzeichen durch österreichische ersetzt wurden. Das Auto wurde nie zurückgegeben. V. erzählte gern, dass er – neben all dem anderen, das ihm widerfahren war – im

Krieg eine Ausbildung zum Bordellbetreiber und Autodieb erhalten hatte.

Es gab freilich auch einen Zwischenfall, an den er sich mit Grauen erinnerte. Noch zu Kriegsbeginn stand das Regiment an der Grenze zwischen der Monarchie und Russland in Ungarn. In dieser Region gab es eine erhebliche ukrainische Minderheit (in der österreichisch-ungarischen Diktion wurden sie Ruthenen genannt), die teils katholisch, teils orthodox war. Den Orthodoxen wurden prorussische Sympathien unterstellt. V.s befehlshabender Offizier bekam die Information, dass der Bürgermeister eines Dorfes, der ein Orthodoxer war, die Kirchenglocken läuten würde, um die Russen zu verständigen, dass die österreichische Armee vorrückte. V. bekam den Befehl, den Bürgermeister gefangen zu nehmen und auf der Stelle zu exekutieren. Er hatte auch den Auftrag, den orthodoxen Popen des Dorfes zu verhören und ebenfalls zu erschießen, sollte sich bei dem Verhör der Verdacht bestätigen. V. marschierte mit einer kleinen Abteilung in das Dorf ein, verhaftete den Bürgermeister, brachte ihn auf ein Feld und ließ ihn exekutieren. V. kommandierte das Exekutionskommando, den Schuss feuerte ein Unteroffizier ab. Der Mann verhielt sich sehr tapfer. V. hatte gar nicht die Absicht, den Popen erschießen zu lassen, aber er ließ ihn zum Verhör bringen. Da warf sich eine wunderschöne junge Frau (vielleicht des Popen Tochter) vor seine Füße, beteuerte tränenreich die Unschuld des Geistlichen und flehte, ihn frei zu lassen. V. ließ den Popen gehen und zog mit seinem Kommando aus dem Dorf wieder ab. Dieser Zwischenfall hatte komplizierte rechtliche Konsequenzen und eine Zeitlang drohte V. das Kriegsgericht. Selbst im ungarischen Parlament in Budapest kam der Fall auf die Tagesordnung, und es wurde schließlich eine Untersuchung eingeleitet, weil ein österreichischer Offizier im Schnellverfahren einen Mann hatte exekutieren lassen, der rechtlich gesehen ein ungarischer Staatsbeamter war. Irgendwann wurde die Untersuchung fallen gelassen, und V. wurde nicht belangt. Der Vorfall blieb aber V.s dunkelste Kriegserinnerung. Sowohl in seinen Notizen, als auch in seinen Erzählungen bedauerte V. immer wieder, in eine derart grausame Handlung verwickelt gewesen zu sein. Ich glaube aber nicht, dass er sich schuldig fühlte. Er war davon überzeugt, keine andere Wahl gehabt zu haben, als dem ausdrücklichen Befehl zu gehorchen, und offensichtlich hielt er diese Sicht der Dinge auch in späteren Jahren bei.

Nachdem Italien in den Krieg eingetreten war, wurde V.s Regiment an die Südfront in den Alpen verlegt und dort in schwere Gefechte verwickelt. Gegen Kriegsende schlug V. seine letzte Schlacht gegen die Briten und zeichnete sich durch große Tapferkeit aus. In diesem Kampf wurde V. durch eine Maschinengewehrsalve an der linken Hand verwundet. Er blutete stark, einer seiner Männer legte ihm einen provisorischen Verband an. V. musste mit seiner Abteilung in Rufweite vor einer anderen britischen Einheit zurückmarschieren. Er rief den Feinden auf Englisch zu, sie mögen nicht schießen, da er englische Kriegsgefangene

*»Die Offiziere trugen noch die traditionelle Husarenuniform
– dunkelblau und über und über goldene Bänder«: Georg Berger als
Erster Offizier der Reserve beim k.u.k. Husaren-Regiment Nummer 15*

zu eskortieren hätte. Die Briten hielten still, und so konnte sich V. mit seinen Mannen sicher hinter die österreichischen Linien zurückziehen. V. bekam für diese Heldentat einen Orden. Zurück im Lager begann V.s Hand noch stärker zu bluten und zu schmerzen. Er wurde ins Lazarett gebracht, wo der teilweise abgetrennte kleine Finger der linken Hand wieder angenäht wurde. Die Operation ist nicht gut gelungen, denn V. konnte den Finger nie mehr ganz ausstrecken, er blieb verkrümmt – was mich als Kind faszinierte. Im Lazarett wurde V. für eine Rückkehr an die Front untauglich geschrieben und zur weiteren (freilich nicht erfolgreichen) Behandlung und Rekonvaleszenz nach Wien evakuiert.

Zu diesem Zeitpunkt begann der Zerfall der Monarchie. V. bemerkte erste Anzeichen, noch während er auf seine Evakuierung wartete. Denn in einem benachbarten Zimmer, so erzählte man ihm, waren zwei tschechische Soldaten, die desertiert waren, und niemand hinderte sie daran, nach Hause zu gehen. Als V. nach Wien kam, wurde er angewiesen, auf der Straße keine Uniform zu tragen, weil Anti-Habsburg-Demonstranten allen Offizieren, die ihnen begegneten, die Rangabzeichen abrissen. V. wurde Zeuge, wie vor dem Parlament die alte Kaiserfahne eingezogen und durch eine rote Revolutionsfahne ersetzt wurde. Diese Szene machte V. traurig. Es kam zu keiner wirklichen Revolution; die Sozialdemokraten, die die erste Regierung bildeten, waren keine Hitzköpfe. Aber es war klar, dass die Monarchie zu Ende war.

V. war alles andere als ein Militarist, und es blieb mir immer ein Rätsel, warum der Krieg eine derart große Rolle in seinem Leben spielte. Vielleicht deshalb, weil das Ende des Krieges auch das Ende seiner Jugend war. Er gründete einen Hausstand und musste sich selbst um seinen Lebensunterhalt kümmern. Vielleicht hat ihm der Krieg aber auch den Beweis erbracht, dass er, so behütet sein Leben bis dahin auch verlaufen sein mag, jeder Gefahr und sogar dem Tod mutig gegenüber treten konnte. Wie auch immer: V. sprach stets gern über seine Kriegsjahre. Er hatte mehrere Orden bekommen, nicht nur für sein mutiges Verhalten gegenüber den Briten. Er war stolz auf diese Auszeichnungen und bewahrte sie in einer Kassette mit rotem Samtfutter auf. Er hatte auch Miniaturen seiner Orden, die man zur Zivilkleidung tragen konnte.

In den Tagen nach dem »Anschluss« hat fast jeder auf der Straße irgendein Nazi-Abzeichen getragen und Juden oftmals ihre Verdienstabzeichen aus dem Krieg. Ich habe eine Fotografie von V., aufgenommen knapp vor unserer Abreise, auf der er die Miniaturen ans Revers gesteckt trägt. Sowohl Orden als auch Miniaturen gingen verloren.

Die Habsburger regierten 640 Jahre über Österreich, und politisch verschwand die Monarchie 1918 ganz plötzlich von der Landkarte. Ihr kulturelles Erbe aber überdauerte sie in vielen ihrer ehemaligen Kronländer bis in unsere Tage. Auch heute noch kann man, wenn man Antennen dafür hat, bei genauer Betrachtung die langen Schatten des versunkenen Kaiserreichs sehen – in gewissen Umgangsformen, in sprachlichen Eigenarten (nicht nur im Deutschen, sondern auch im Ungarischen, Tschechischen und Kroatischen), in der »Institution Kaffeehaus«. Als das Habsburger Reich noch existierte, sprach man nur von »der Monarchie« – als ob es daneben keine andere gegeben hätte. Die sichtbarste Spur dieses Geistes der Vergangenheit ist die Farbe vieler (Verwaltungs-)Gebäude – jenes warme, leuchtende Schönbrunner Gelb, das früher Kaisergelb hieß. Man findet es nicht nur in Österreich, sondern auch in Triest, im ehemaligen Jugoslawien und in der früheren Tschechoslowakei. (Hätte V. den Zerfall dieser »Nachfolgestaaten« erlebt, hätte er sicher eine gewisse Schadenfreude über die Adjektive »ehemalig« und »früher« empfunden, hatte er doch stets die Serben und die Tschechen für das Ende der Monarchie verantwortlich gemacht.) Wo immer ich diese Mauerfarbe gefunden habe, konnte ich mich in gewisser Weise zu Hause fühlen, was natürlich mit der Erinnerung an V. zusammenhängt. Nach 1989, als die kommunistischen Regime Mittel- und Südosteuropas zusammenbrachen, gab es einen kurzen Moment, in dem für so manche die Monarchie wieder zur politischen Lösung wurde. Ich war gerade in Budapest, als die letzten sowjetischen Soldaten abzogen. Da tauchten in den Geschäften neben Devotionalien aus der Monarchie verschiedene funkelnagelneue Ansichtskarten mit Kaiser Franz Joseph und Kaiserin Elisabeth (von den Ungarn »Erzsebet« genannt und abgöttisch geliebt) unter ineinander verschlungenen ungarischen und kaiserlichen Fahnen auf. Dabei sei angemerkt, dass neben den Kommunisten die habsburgloyalen Kaisertreuen eine wesentliche Gruppe im (nicht gerade großen) österreichischen Widerstand gegen die Nationalsozialisten bildeten. Einige von ihnen wurden hingerichtet. Ich erwähne all diese Details, um zu unterstreichen, dass die Monarchie keineswegs nur ein Produkt von V.s oder meiner Fantasie war. Als »erfundene Nation« (um einen Terminus der amerikanischen Sozialwissenschaften zu bemühen) überlebte sie noch sehr lange ihr Verschwinden von der politischen Landkarte.

Die Monarchie blieb V.s Orientierungspunkt für sein Weltbild und vielleicht auch für seine Identität. Noch lange nach ihrem Untergang blieb er ihr loyal verbunden. V. war Mitglied der »Legitimisten«, jener Gruppe, die für Österreich die 1918 abgeschaffte Monarchie wiederherstellen wollte (so weit ich das beurteilen kann, hatte V.s Mitgliedschaft eher symbolischen Charakter und zog keinerlei konkrete Aktivität nach sich). V. war politisch interessiert, und es war ihm klar, dass das legitimistische Anliegen keinerlei Aussicht auf Erfolg hatte. Für ihn – wie für die meisten anderen Anhänger der Bewegung – war es das Festhalten an einer verlorenen Zeit, die ihm als eine bessere erschien. V. hatte aber einen immer wiederkehrenden Traum die Monarchie betreffend, von dem er öfters erzählte. In diesem Traum ritt er bei einer Parade an der Spitze einer Kavallerieabteilung über die Ringstraße, vorbei an einer Tribüne vor dem Parlament. Ich vermute, dass der Kaiser selbst auf dieser Tribüne stand. Alle Häuser entlang der Ringstraße waren beflaggt, und eine Zuschauermenge jubelte ihm zu.

Angesichts seiner Herkunft und seiner Biografie überrascht es nicht weiter, dass die Monarchie einen wichtigen Platz in V.s Denkweise einnahm. Weniger logisch ist, dass sie den auch in der meinen einnimmt, natürlich weniger prominent, aber doch bemerkbar. Ich wurde elf Jahre nach ihrem Untergang geboren. Ich habe sie also selbst nie erlebt, aber V.s Erzählungen vermittelten mir ein sehr reales Bild (vielleicht sollte ich hier anmerken, dass M. dabei keine Rolle zukam. Sie hatte kein Interesse an der Monarchie, ihre Denkmuster sahen anders aus.) Natürlich hat diese Monarchie im Geiste, oder besser gesagt im Herzen, nie meine politischen Ansichten geprägt. Als Erwachsener wäre mir nie der Gedanke gekommen, eine Monarchie in Österreich oder anderswo aufleben lassen zu wollen, ich bin auch im weitesten Sinn (und jenseits der Habsburger) kein Monarchist. Am ehesten trifft wahrscheinlich zu, dass diese meine internalisierte Monarchie zu meiner Sympathie für politischen Konservatismus beigetragen hat – zu der Überzeugung, dass Ordnung ein zentraler politischer Wert ist, dass die meisten, wenn nicht alle radikalen Veränderungen nicht wünschenswert sind und dass man lieber zweimal darüber nachdenken sollte, bevor man etwas abschafft, was bis dahin einigermaßen gut funktioniert hat. Allerdings bin ich auch ohne Träume vom Kaiser beim Defilée zu dieser Überzeugung gelangt. Auch mein Interesse an der Geschichte Mitteleuropas in der Zeit von der Mitte des 19. Jahrhunderts bis zum Ende des Ersten Weltkrieges rührt daher, obwohl ich kein Historiker bin. Ganz objektiv und als amerikanischer Sozialwissenschafter gesprochen, stimme ich mit V.s Einschätzung überein, dass der Zusammenbruch des Habsburgerreiches ein gefährliches Vakuum im Herzen Europas zurückgelassen hat, und dass viele Katastrophen nach 1918 hätten vermieden werden können, hätte es weiter existiert. Diese Überzeugung enthält keinerlei sentimentale Illusionen über den Charakter dieses Kaiserreiches, das innen- wie außenpolitisch oft teuflisch agierte, oder über seine herrschende Klasse, die großteils ordentlich stupide war.

Alles in allem wäre es aber wohl besser gewesen, wenn eine wiederhergestellte oder modernisierte Monarchie den Ersten Weltkrieg überdauert hätte. In regelmäßigen Abständen spiele ich das Was-wäre-wenn-Spiel mit meinem Freund und Kollegen Thomas Luckmann, dessen österreichisch-slowenische Herkunft ihm einige Kompetenz zu diesem Thema zuspricht. Wir stellen uns beispielsweise vor, dass uns die Regierung in Wien 1910 zu Rate gezogen hätte, wie man die Monarchie erhalten könnte. Wir gehen davon aus, dass wir damals das gewusst hätten, was wir heute als Sozialwissenschafter zu wissen glauben. Immer wieder kommen wir dann zu demselben Schluss: Die Habsburger hätten den Ausgleich mit Ungarn wenigstens auf Tschechen und Kroaten ausdehnen und sich in Prag und Zagreb krönen lassen müssen. Das wäre die »Vier-Kronen-Lösung« gewesen. Wahrscheinlich hätte man das nur über einen Putsch (wohl einen Putsch von oben) in Ungarn bewerkstelligen können – in einer Art habsburgischem 18. Brumaire, mit einer loyalen k.u.k. Armee, die das Parlament in Budapest mit seinen ungarischen Nationalisten hätte auflösen müssen. Doch dann tauchen jedes Mal verblüffende Fragen auf: Wäre eine »Fünf-Kronen-Lösung« mit einer Krönung zum polnischen König in Krakau denkbar? Das hätte dann natürlich internationale Komplikationen zur Folge gehabt: Alle Tschechen und Kroaten lebten auf dem Gebiet der Monarchie, aber ein Großteil der Polen in Russland und Deutschland. Hätten »wir« die Regionen mit italienisch sprechender Bevölkerung angesichts des italienischen Irredentismus halten können? Welche Arrangements würden »wir« mit Italien anstreben? Und was sollte mit den anderen Minderheiten der Monarchie geschehen – Slowaken, Slowenen, Ruthenen, Rumänen? Sollten Jiddisch sprechende Juden sowohl als nationale als auch als religiöse Gruppe gelten? Und, die interessanteste Frage: Wie müsste die Verfassung für eine derart umgestaltete Monarchie aussehen? Solche Gedankenexperimente werden auch für alle möglichen anderen geschichtlichen Perioden gerne durchgespielt – etwa wenn man sich vorstellt, was passiert wäre, hätten die Südstaaten den Amerikanischen Bürgerkrieg gewonnen. Jenseits des Unterhaltungswertes solcher Spielereien kann man dabei eines lernen: Dass kaum eine Entwicklung der Geschichte unvermeidlich ist und dass die historischen Ereignisse oft ganz anders verlaufen wären, hätte man hier oder da eine andere Entscheidung getroffen – was stets von den handelnden Personen abhängt.

Welche Bedeutung hat also die Monarchie in meinem eigenen Leben? Ganz offensichtlich stellt sie eine emotionale Verbindung zu V. und seiner Welt dar. Sie ist für mich Metapher für Ordnung, Sicherheit und Heimatgefühl. Robert Musil bezeichnete dies im *Mann ohne Eigenschaften* als »entsprungenes Gleichnis der Ordnung«. All das gehört in den Bereich der Emotionen, der »Weisheit des Herzens«, dessen Einsichten nur schwer in intellektuellen Zusammenhängen formuliert werden können. Diese Metapher hat jedoch auch eine kognitive Seite. Das wurde mir schlagartig bei einem Ereignis klar, das ich – ganz Zeitgenosse der Postmoderne – nur im Fernsehen gesehen habe.

1989 starb Kaiserin Zita, die Witwe Karls, des letzten habsburgischen Kaisers, der auf Madeira gestorben ist. Ich hatte von der Beisetzungszeremonie gehört und besorgte mir ein Video vom ORF. Es war kein offizielles Staatsbegräbnis, aber es hatte sehr wohl eine solche Wirkung. Bei der feierlichen Seelenmesse im Stephansdom, die der Erzbischof von Wien zelebrierte, wurden Gebete in allen offiziellen Sprachen der Monarchie gesprochen. Anschließend wurde der Katafalk zur Kapuzinergruft gebracht, seit Jahrhunderten Begräbnisstätte der Habsburger. Dort angekommen, lebte ein altes Ritual auf. Der Marschall der Prozession pochte an das Tor. Der Abt, der mit den versammelten Mönchen dahinter stand, fragte: »Wer begehrt Einlass?« Darauf las der Marschall den langen Titel Zitas vor, der alle Königreiche und Territorien aufzählte, die der Kaiser (oder in diesem Fall: die Kaiserin) als sein Eigentum beansprucht hatte. Der Vortrag dieser Liste dauerte zehn Minuten. Danach erklärte der Abt: »Wir kennen sie nicht. Wer begehrt Einlass?« Traditionellerweise wäre jetzt eine abgekürzte Auflistung erfolgt, der so genannte »mittlere Titel«. 1989 ging der Marschall sofort zum »kurzen Titel« über: »Zita, Kaiserin von Österreich, Königin von Ungarn, Königin von Böhmen.« Und wieder antwortete der Abt: »Wir kennen sie nicht. Wer begehrt Einlass?« Dann sagte der Marschall: »Zita, eine arme Sünderin, Deine Schwester.« Darauf wurde das Tor geöffnet, und Zita durfte bei all den Habsburgern bestattet werden, die in dieser Krypta unter dem Kloster ruhen.

Dieses altertümliche Ritual ist beredter Ausdruck der christlichen Herrschaftstheorie. Als ich dieser, seiner wohl letzten Wiederaufführung zuschaute, kam Rührung in mir hoch. Aber ich hörte genau hin und wartete auf eine kleine Passage des langen Titels, von der ich wusste, dass sie kommen musste. Neben all den vielen anderen kaiserlich-königlichen Titeln, die der Kaiser für sich beanspruchte, gab es auch jenen eines »Herzogs von Auschwitz«. Wie es zu diesem Titel gekommen ist, weiß ich nicht; wahrscheinlich gab es da einmal ein kleines Herzogtum dieses Namens, das irgendwann an die Habsburger gefallen ist. Als der Marschall all die Titel rezitierte, fragte ich mich, ob er diesen Titel auslassen würde. Das tat er nicht. Laut trug er ihn vor: »Herzogin von Auschwitz.« Der Kommentator, der die ganze Zeit über das Geschehen begleitet hatte, überging dies schweigend. Jedenfalls wurde die letzte habsburgische Kaiserin unter all ihren Ehrentiteln auch als Herzogin von Auschwitz zur letzten Ruhe gebettet. Ich stellte mir die Frage, was ich wohl getan hätte, wäre ich für die Zeremonie verantwortlich gewesen. Hätte ich diesen kompromittierenden Titel ausgelassen? Ich kam zu dem Schluss: Nein, ich hätte ihn in der Aufzählung gelassen, und zwar aus einem einfachen Grund: Hätte es in den 1940er Jahren ein Herzogtum Auschwitz mit einem Habsburger als Regenten gegeben, hätte Auschwitz sehr wahrscheinlich nicht die Bedeutung, die es heute für uns hat.

Ein Teil von V.s K.u.k.-Identität resultierte aus seiner Beziehung zu Ungarn und zur ungarischen Sprache. Und das kam so: In den Jahren vor dem Ersten Weltkrieg, als er Dienst als Reserveoffizier seines Husarenregiments tat, musste er zwar exerzieren, was oftmals anstrengend war, aber offensichtlich gab es für Offiziere auch angenehmeren Zeitvertreib. Es gab, wie man das im Jargon der kaiserlichen Armee nannte, genug Zeit fürs Mulatieren. Dieses Verb ist eine Eindeutschung des ungarischen Wortes *mulatság*, was soviel wie Ausgelassenheit bedeutet, allerdings mit erotischem Unterton. V. mochte Ungarn und alles Ungarische, weil es für ihn mit den besten Jahren seiner Jugend gleichbedeutend war. Er konnte ganz passabel Ungarisch, zumindest genügte es für den Militäralltag. Wenn er allerdings mit Ungarn sprach, erntete er Gelächter – er verfügte wohl nicht gerade über den elegantesten Wortschatz. Er kannte eine eindrucksvolle Vielzahl obszöner Schimpfworte, die er auch in sein Deutsch einflocht, wenn er wütend war.

V.s Ungarophilie teilte sich mir als Kind mit. Ich eignete mir einige ungarische Floskeln an – auch einige Schimpfworte. Eine – vielleicht nicht gerade häufig einsetzbare – Redewendung brachte mir V. mit besonderem Augenmerk auf die richtige Aussprache bei: »Königlich-Ungarische Postsparkasse« (wüsste ich, wie man es schreibt, würde ich hier die ungarische Bezeichnung anführen). Es gab ein ungarisches Reisebüro nicht weit von V.s Geschäft. In der Auslage waren elektrisch beleuchtete Ansichten von Budapest ausgestellt. Ich fand das sehr aufregend. Immer wieder fragte ich, wann wir denn endlich nach Budapest fahren würden. V. vertröstete mich auf Weihnachten. Wir sind nie hingefahren.

Als Erwachsener bin ich mehrmals in Budapest gewesen. Ich habe dort Freunde gefunden, die Stadt gefällt mir, und mit Freude habe ich ihre Wandlung von der sozialistischen Tristesse zu einem ziemlich wohlhabenden und lebhaften kosmopolitischen Ort miterlebt. 1967 besuchte ich Budapest zum ersten Mal, elf Jahre nach dem ungarischen Aufstand, den die Sowjetpanzer niedergeschlagen hatten. Es herrschten zwar die Kommunisten, allerdings machte das relativ entspannte Kadar-Regime aus dem Land die »lustigste Baracke des sozialistischen Lagers«. Es war ein eigenartiger Aufenthalt. Bei meinen Spaziergängen sah ich die Stadt nicht so, wie sie war, sondern wie sie zu V.s Zeit gewesen sein muss. Man könnte sagen, ich besuchte die Stadt aus V.s Jugend.

Zu dieser Zeit hatte ich bereits einige Bücher veröffentlicht, die mich in internationalen Soziologenkreisen bekannt gemacht hatten. Ich war eingeladen worden, Vorlesungen am Soziologischen Institut der Ungarischen Akademie der Wissenschaften zu halten. Dieses Institut hatte eine besonders interessante Atmosphäre, denn sein Direktor war András Hegedüs, ein früherer Minister, der eine gewisse Rolle zu Beginn der kommunistischen Herrschaft gespielt, sich dann aber von seiner früheren Überzeugung abgewandt hatte. Das Institut wurde so zum Refugium für andersdenkende Intellektuelle und ließ vergleichsweise offene Diskussionen zu. Für mich war dieser Besuch sehr lehrreich; da ich noch niemanden in Budapest kannte, verbrachte ich die meiste Zeit dort mit den Kollegen. Mit einer Ausnahme allerdings: Ich unterrichtete damals an der New School of Social Research in New York, wo ich einen ungarischen Kollegen hatte, der mich bat, seine Eltern in Budapest zu besuchen. Der Vater war ein pensionierter Anwalt, der mit seiner Frau eine große Wohnung in einem alten Viertel von Buda bewohnte. Man bot mir Kaffee und Kuchen an. Ich überbrachte die Grüße meines Kollegen, und es folgte eine belanglose Unterhaltung.

Da fragten sie mich, ob ich mir während meines Aufenthalts noch mehr vom Land anschauen wollte. Ja, sagte ich, ich würde mir ein Auto mieten und zählte dann die geplanten Reiseziele auf. Der alte Herr bemerkte, dass ich die Ortsnamen korrekt aussprach und fragte, ob ich Ungarisch könne. Das nicht, sagte ich, aber ich sei aus Wien, und dort wüssten wir, wie man ungarische Namen ausspricht. Ich fügte hinzu, dass ich ein paar Brocken von meinem Vater gelernt hätte, der im Ersten Weltkrieg in einem ungarischen Regiment gedient hatte. »Welches Regiment?« wollte der alte Herr wissen. Ich antwortete: »Im 15. Husaren-Regiment.« »Ja, aber das war doch in Nyíregyháza stationiert!« rief er aus. Das sei mir bekannt. »Ich bin aus Nyíregyháza«, sagte er. Und dann wurde alles sehr merkwürdig: Mehr als zehn Minuten lang entschuldigte sich der alte Mann dafür, dass er nicht im 15. Husaren-Regiment gedient hatte, obwohl er aus Nyíregyháza stammte. Während des Krieges tat er Dienst in einem Honved-Regiment. Letzteres allerdings genoss geringeres Ansehen, weil es nicht »kaiserlich und königlich«, sondern nur »königlich-ungarisch« war, also eine Armee-Einheit, die nicht dem Wiener Militärkommando, sondern der Budapester Regierung unterstellt war. Ich wusste nicht, was ich darauf sagen sollte, und nickte nur immerzu. Mir blieb nichts anderes übrig, als im Namen der k.u.k. Armee seine Entschuldigung anzunehmen.

Einige Jahre später hatte ich ein ähnliches Erlebnis. Ich spielte gerade mit dem Gedanken, ein Buch zu schreiben, in dem ich V.s Kriegserzählungen mit den amtlichen Militär-Dokumenten zusammenführen wollte. Ich war aus einem ganz anderen Grund in Wien, doch rief ich beim Militärarchiv an und machte einen Termin aus. Freundlich empfing mich dort ein junger Historiker (natürlich ein Zivilist). Als ich ihm erklärte, was mich interessierte, meinte er: »Schauen wir zuerst den Herrn Papa nach.« Er holte einen dicken Band hervor, in dem alle Reserveoffiziere der alten Armee aufgelistet waren. Schnell fand er V. und las seine Militärakte vor – inklusive sämtlicher Auszeichnungen –, was ihm offensichtlich tiefe Befriedigung verschaffte. Dann ereigneten sich zwei Dinge, die mir noch surrealer vorkamen als das Gespräch in Buda.

Wir wurden unterbrochen. Ein alter Mann kam ins Büro, er hatte ein Holzbein und hinkte. Er hatte einen langen grauen Staubmantel an, wie sie die Beamten eigentlich schon seit Jahrzehnten nicht mehr trugen. Allem Anschein nach war er ein Amtsdiener, also ein Beamter der niedrigsten Stufe. Kurz überlegte ich, in welchem Weltkrieg er sein Bein wohl verloren hatte. Er brachte eine graue Kartonmappe, die mit Bändern in den habsburgischen Farben Schwarz-Gold zusammengebunden war. Der junge Historiker unterschrieb die Empfangsbestätigung, wandte sich an mich und sagte: »Bitte entschuldigen Sie mich kurz. Ich habe wochenlang auf diese Unterlagen gewartet, ich werfe nur einen kurzen Blick hinein.« Er öffnete die Mappe und blätterte sie durch. Die Papiere waren handgeschrieben in Kurrentschrift und trugen einen offiziellen Briefkopf. Von meinem Platz aus konnte ich nichts lesen, aber es schien sich um Militärbefehle zu handeln. Dann kam mir zu Bewusstsein: Diese Armee ist vor fast einem halben Jahrhundert verschwunden, aber ihre Papiere waren noch immer im Aktenlauf, in denselben Mappen und werden mit denselben Prozeduren bearbeitet wie damals – nur von Historikern und nicht mehr von Offizieren.

Widerwillig riss sich der junge Historiker von seinem papierenen Schatz los, sodass ich ihm endlich mein Projekt erklären konnte. Er schüttelte den Kopf, er konnte mir nicht helfen. Die Archive in Wien enthielten nur Materialien der gesamten k.u.k. Armee oder jener Regimenter, die in Österreich stationiert gewesen waren. Alle Akten über das 15. Husaren-Regiment müssten in den ungarischen Militärarchiven in Budapest aufbewahrt sein. Und er fügte hinzu: »Das sollte aber kein Problem sein. Es gibt zwei Herren des ungarischen Militärarchivs hier, die sich ständig bei uns aufhalten. Sie werden Ihnen weiterhelfen können. Im Augenblick sind sie auf Urlaub daheim in Ungarn. In zwei Wochen werden sie wieder da sein.« Und das war eine weitere befremdliche Situation: Die kommunistische ungarische Regierung bezahlte zwei Dienstposten für Historiker in den Wiener Militärarchiven, die Akten bearbeiteten, die mit Bändern in den habsburgischen Farben zusammengebunden waren. Ich habe die beiden Ungarn nie kennen gelernt. Als sie aus dem Urlaub zurückkamen, hatte ich Wien wieder verlassen und auch das Projekt, für das ich ihre Hilfe benötigt hätte, habe ich nicht weiter verfolgt.

Vor kurzem hatte ich einen Traum. Ich war in Wien und ging durch die langen Korridore der Hofburg. Ich suchte das Entsorgungsamt – das Amt für die Entledigung von

Sorgen. Als ich es gefunden hatte, empfing mich dort freundlich ein alter Beamter. Er erhob sich von seinem Schreibtisch und überreichte mir eine teure Ledermappe. Er sagte mir, dass er auf »allerhöchsten Befehl« handle. Und er fügte hinzu: »Sie sind hiermit höchst offiziell entsorgt. Sie müssen sich nicht länger über irgendetwas Sorgen machen.« Ich bedankte mich und verließ mit der Mappe unter dem Arm die Hofburg. Ich kam in den Park und sah die blühenden Fliedersträucher. Die Luft war voller Frühlingsduft.

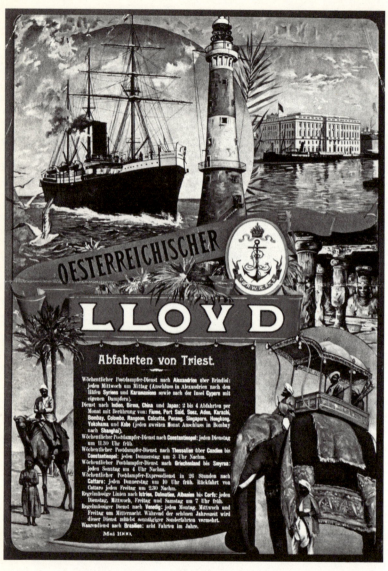

»Der Fahrplan der Lloyd-Schiffe bestimmte das gesamte Familienleben.«

Eine andere Sprache

Meine Kindheit verlief in einem jahreszeitlichen Rhythmus zwischen Wien und Italien. Bis zu meinem neunten Lebensjahr verbrachten M. und ich die Sommer stets bei ihrer italienischen Familie, entweder in deren Haus (zuerst in Porto Maurizio an der Riviera, später in Monfalcone bei Triest) oder in verschiedenen Ferienorten. Wir nahmen üblicherweise den Nachtzug von Wien, was an und für sich schon eine aufregende Sache war. Ich kann mich noch gut an die umständlichen Vorbereitungen erinnern, die nötig waren, um im Schlafwagenabteil die Betten aufzubauen. Besonderen Eindruck machte mir ein blaues Nachtlicht, das im Badezimmer brannte. Es folgte die Zeremonie des Grenzübertritts – immer im Dunkel der Nacht. Zuerst kamen die österreichischen Grenzer, dann die italienischen. Plötzlich also gab es andere Uniformen und eine andere Sprache. Sobald der Zug weiterfuhr, stieg angenehme Vorfreude in mir auf.

Diese Erinnerungen reichen bis in meine früheste Kindheit zurück, sogar noch vor die Zeit meiner sprachlichen Entwicklung. Müsste ich einen Ausdruck für diese Gefühle finden, würde ich wahrscheinlich von »sanfter Fürsorge« sprechen. Zweifellos umschreiben diese beiden Worte das, was jedes Kind von seiner Mutter erfährt, in meinem Fall aber hat diese Erfahrung einen italienischen Akzent. Meine Sommer in Italien waren »sanft« – im Gegensatz zum strengeren Charakter des Wiener Lebens, das von meiner Beschäftigung mit der Schule, von V.s beruflichen Erfolgen und auch von der deutschen Sprache dominiert war. Freilich wurde ich von M.s Familie auch besonders verwöhnt. Der engste Familienkreis war nicht sehr groß. Er bestand aus M.s Bruder, den ich Onkel Willi nannte, seiner Frau, seinem Sohn (der, obwohl ungefähr ein Jahr älter als ich, mein wichtigster Spielgefährte war), seiner Tochter sowie aus M.s Mutter. Onkel Willis Frau war aus Bologna und hatte unzählige Verwandte dort, die aber nur selten unsere Sommeridylle unterbrachen. In diesen Sommermonaten erlebte ich eine gebündelte »sanfte Fürsorge«, denn M. gehörte ganz mir, eine andere Familie nahm mich herzlich auf, der Klang einer anderen Sprache drang an mein Ohr, und ich war weit weg von der Schule und all den anderen bedeutsamen Angelegenheiten in Wien – ich kannte nur noch die Freuden des Sommers.

Deshalb sind wohl alle meine Erinnerungen an diese Sommer so positiv. Eine Ausnahme ist mir allerdings lebhaft in Erinnerung geblieben, sie muss wohl einen tiefen Eindruck hinterlassen haben. Ich saß mit M. im Zug irgendwo zwischen Wien und Monfalcone. Wir fuhren in einen Bahnhof ein, in dem angekündigt wurde, dass der Aufenthalt zwanzig Minuten dauern würde. M. gab mir Geld, damit ich aussteigen und irgendetwas kaufen konnte. Sie blieb im Abteil. Als ich auf den Bahnsteig zurückkehrte, fuhr der Zug gerade aus. Ich konnte nicht mehr zusteigen. Ich erstarrte vor Schreck. Nach ein paar angsterfüllten Minuten fand die Panik ein Ende: Der Zug war nur rangiert worden und fuhr prompt wieder in die Station ein – mit ihm M., die mir vom Abteilfenster aus zuwinkte. Dennoch überkommt mich von Zeit zu Zeit genau dieses Gefühl, plötzlich verlassen zu werden, allein und hilflos an einem fremden Ort zurückbleiben zu müssen.

Für mich ist Italien M.s Heimat, und ich bin sicher, sie hatte das ebenso empfunden. Ich werde kurz auf M.s Familiengeschichte eingehen, obwohl ich natürlich meine eigenen Empfindungen für dieses Land schon vor meiner Kenntnis über familiäre Zusammenhänge entwickelt habe. Für mich ist Italien immer »das Andere« gewesen – auch wenn das nicht ganz richtig ist, weil »anders« eigentlich negative Konnotationen hat, während fast alles, was ich in Italien erlebte, positiv war. Italien war das Erlebnis des Andersseins, zugleich angenehm und faszinierend. Um es besser auszudrücken, zitiere ich Albert Camus, der seine Kindheit und Jugend in Algerien als einen »immerwährenden Sommer« bezeichnete.

Im Sommer war alles anders. Der Wiener Alltag verblasste. Als ich noch sehr klein war, verschwand er überhaupt – was zu einem Zwischenfall führte, der V. sehr verletzt hatte. Als er uns anlässlich unserer Rückkehr aus Italien vom Bahnhof abholte, hob M. mich hoch, zeigte auf V. und fragte mich, wer das sei. »Sag's mir«, war meine Antwort.

In Italien war alles anders. Da waren vor allem die anders aussehenden Uniformen, die mich besonders interessierten: die Carabinieri (nationale Polizei) mit ihren Dreispitzen; die Alpini (Gebirgsjäger) mit ihrem typischen *Capello Alpino*, einem federdekorierten Hut, der auch in einem ihrer Lieder besungen wird; die Elitetruppe der Bersaglieri (vom italienischen *bersaglio*, »Ziel[scheibe]«; deutsch etwa »Schützen«), eine Infanterietruppe, die immer nur im Laufschritt marschierte, sogar bei Paraden; und natürlich die verschiedenen Organisationen der Schwarzhemden der faschistischen Partei. In Mussolinis Italien waren Paraden sehr beliebt, die mir die Gelegenheit boten, meine Weiterbildung in vergleichender militärischer Uniformwissenschaft voranzutreiben.

Aber über all dem stand die Sprache. M. hatte mir schon in Wien Italienischunterricht erteilt, aber eigentlich habe ich es erst durch die Praxis in Italien richtig gelernt. Schon früh konnte ich ziemlich fließend sprechen. Einmal, als ich noch recht klein war, schickte mich Onkel Willi ins nächste Geschäft, um Streichhölzer zu kaufen, aber ich kannte das Wort dafür nicht. Er half aus – *fiammiferi*. Ich wiederholte das Wort mehrmals, um sicher zu gehen, dass ich es mir auch merkte, ging ins Geschäft und brachte wirklich Streichhölzer heim. Es war ein kleiner Triumph.

Durch die Kinderausgabe einer Zeitung, die mein Cousin Vico abonniert hatte, lernte ich auch italienisch lesen. Ein Comic gefiel mir besonders: Sein Held *Volfartutto* (»Will alles machen«) reparierte zwar bereitwillig alles in Haus und Garten, richtete dabei aber mehr Schaden an als Nutzen. Manche dieser Comics steckten auch voll faschistischer Propaganda. Etwa in den Heldenepen aus dem antiken Rom, wo darauf angespielt wurde, dass der Duce dem italienischen Volk jene Bedeutung zurückgeben würde, die es in der Antike hatte. Ich kann mich noch an eine Bildfolge während der Invasion Äthiopiens (das die Italiener *Abissinia* nannten) erinnern, die italienische Soldaten bei der Befreiung von in Ketten liegenden Sklaven zeigte.

Es wäre falsch, Italienisch als meine erste Fremdsprache zu bezeichnen, denn ich habe sie fast zeitgleich mit Deutsch gelernt, weshalb sie für mich nie fremd war. Italienisch war vielmehr meine »Mutter-Sprache« im wörtlichen Sinn (Deutsch würde ich dagegen als »Vater-Sprache« bezeichnen, wenn es diesen Ausdruck gebe). Genauer gesagt, bezeichne ich sie als meine »andere Sprache«, durch die ich – wenn auch zuerst völlig unterbewusst – erlebte, dass man die Welt auf ganz unterschiedliche Weise erfahren kann, je nachdem welche Sprache man benutzt. Als Erwachsener habe ich von meinem Italienisch kaum Gebrauch gemacht. Außer in den Sommern meiner Kindheit sprach ich mit M. Deutsch. In Amerika habe ich keine italienischen Freunde und beruflich muss ich auch kaum italienische Texte lesen. Aber immer wieder bin ich nach Italien gefahren, leider nur allzu selten im Lauf der Jahre, doch dann kehren auch meine Italienischkenntnisse sehr schnell zurück. Und was noch dazukommt: In den ersten Stunden meines Aufenthalts in Italien fühle ich eine Vielfalt von Empfindungen, die nur schwer in Worte zu fassen sind. Am ehesten entsprechen sie Folgendem: »Es ist Sommer. Hier gibt es eine Menge Leute, die sehr nett zu mir sein werden. Ich werde hier eine wunderbare Zeit verbringen.« Dann freilich stellt sich die Wirklichkeit ein: Es ist nicht Sommer. Niemand ist außergewöhnlich nett zu mir. Und ich verbringe keine wunderbare Zeit. Aber das macht alles nichts. Für ein paar Augenblicke kann ich mich wieder in jenem »immerwährenden Sommer« wärmen, der mir immer eine Quelle des Trosts und des Vertrauens geblieben ist.

Die Ferien verbrachten wir stets entweder am Meer oder in den Bergen, an der westlichen und der östlichen Küste der Halbinsel und in den Alpen Südtirols, das seit dem Ersten Weltkrieg *Alto Adige* heißt. Beide Ferienziele waren gleich bedeutend mit Sport – Schwimmen und Bergsteigen, beides machte mir allerdings wenig Spaß. Was ich allerdings genoss, war die jeweilige Umgebung, die Sonne, den Klang der Wellen, die frische Bergluft. Während unserer Aufenthalte bei Onkel Willi in Monfalcone gingen wir öfter nahe dem Schloss Miramare baden. Kaiser Franz Josephs Bruder Maximilian, der von Napoleon III. installierte Kaiser von Mexiko, hatte es 1856 fünf Kilometer nördlich von Triest für seine Frau Charlotte von Belgien erbauen lassen. Wir haben es dann einmal mit einer Führung besichtigt. Von daher kannte ich die traurige Geschichte – wie Maximilian von seinem französischen Schutzherrn fallen gelassen, von den aufständischen Truppen des Benito Juarez gefangen genommen und schließlich erschossen wurde; wie seine Frau Charlotte nach ergebnislosen Versuchen, andere europäische Regierungen zu Hilfe zu rufen, schließlich verrückt wurde vor Kummer. Viele Jahre später besichtigte ich in Mexico City den 400 Hektar großen Park von Chapultepec, wo Maximilian während seiner kurzen Regentschaft 1864 ein Schloss für sich und seine Familie errichten ließ. Ich war gerührt, als ich in seinen Privaträumen Fotografien von Miramare fand.

Mehrere Sommer verbrachten wir im Südtiroler Bruneck/Brunico. Die Gründung des Hauptortes des Pustertales geht auf die Zeit um 1250 zurück, als Fürstbischof Bruno von Kirchberg und Bullenstätten ein eindrucksvolles wehrhaftes Schloss hoch über der Stadt errichten ließ. Bis heute ist es im Besitz des Bischofs von Brixen. In dem alten Gebäude gab es einige renovierte Appartements, in die wir uns gemeinsam mit Onkel Willis Familie einmieteten. Mit Vico und allen anderen Kindern, die wir dort antrafen, spielten wir herrliche Spiele. Denn da gab es alles: dicke Befestigungsmauern mit Wachtürmen und Schießscharten; einen Burggraben und eine Zugbrücke; einen Innenhof mit Fresken und einer Sonnenuhr; ein Labyrinth von unterirdischen Gängen und sogar Verliese. Einmal bin ich auf einer Urlaubsreise mit B. (das ist das Kürzel für meine Frau Brigitte) durch Bruneck gefahren. Die Burg war verschlossen, obwohl es Sommer war. Man sagte uns, dass sie nicht mehr benützt werde, aber wir konnten jemanden ausfindig machen, der den Schlüssel zur Burg hatte und der uns aufschloss. Für einen Augenblick lag der Hof genau so vor mir, wie ich ihn in meiner Erinnerung hatte. Immer noch war die Sonnenuhr da, aber beim zweiten Hinsehen kam mir alles viel kleiner und schäbig vor. Ich war sehr enttäuscht: Es fällt nicht immer leicht, das magische Tor zur Kindheit aufzuschließen ...

Das Schicksal jedes Einzelnen wird von der jeweiligen politischen Situation geprägt. Das gilt vor allem für jene Menschen, die mit der Geschichte Mitteleuropas des 20. Jahrhunderts verwoben sind. Exemplarisch sind meiner Ansicht nach die Lebensläufe von V., von M. und von mir selbst. Ich muss zugeben, dass mein als so freundlich empfundenes sommerliches Italien bereits unter der Herrschaft der Faschisten stand, was aber das subjektive positive Empfinden nicht schmälern konnte – bis zum letzten dieser Sommer, 1938, als unser italienisches Leben plötzlich von einer dunklen Wolke überschattet wurde.

In den 1930er Jahren war der Faschismus in Italien omnipräsent – in den Uniformen, den Paraden, den Radioansprachen (natürlich hauptsächlich in jenen Mussolinis) und in den Liedern. Onkel Willi war Parteimitglied, und das nicht nur aus Opportunismus. Ich habe das letzte Mal in den 1970er Jahren mit ihm gesprochen. Ich war bei einem Kongress in Rom, und er besuchte mich, aus Bologna kommend, wohin er nach seiner Pensionierung übersiedelt war. Wir machten einen Spaziergang zur Spanischen Treppe und unterhielten uns über frühere Zeiten. Seiner Meinung nach hätte es von Anfang an bedauerliche Seiten an diesem Regime gegeben, die eine grausame Wendung genommen hätten, als Mussolini die Allianz mit

Nazi-Deutschland einging und seine antisemitische Politik begann (die auch Onkel Willi und seine Familie zur Emigration nach Südamerika gezwungen hatte). Doch dann setzte er hinzu: »Und trotzdem bin ich überzeugt, dass die Ideale unserer Jugend nicht vollständig falsch waren.« In diesem Zusammenhang muss man allerdings sagen, dass die faschistische Regierung in Italien bis 1938 keine antisemitische Politik verfolgte, und Mussolini selbst immer wieder seine Abscheu gegenüber jener der Nationalsozialisten betont hatte.

Vico war Standartenführer bei der Balilla, der faschistischen Kinderorganisation. (Die Balilla oder »Opera Nazionale Balilla« wurde 1926 als Jugendorganisation der Faschistischen Partei Italiens gegründet und in Deutschland zum Vorbild für die Hitler-Jugend. Der Name leitet sich vom Spitznamen eines jugendlichen Nationalhelden, Giovan Battista Perasso, ab, der 1746 einen Aufstand gegen die österreichische Besatzung von Genua anführte und in der italienischen Nationalhymne *Fratelli d'Italia* Erwähnung findet.) Ich weiß noch, wie ich meinen Cousin beneidete, als er zu seinen Versammlungen ging, herausgeputzt in einer schwarzen Uniform, an seinem Hut baumelten Troddeln.

Aber am wichtigsten waren die Lieder. Ich hatte viele von ihnen gelernt, manche von Vico, manche aus dem Radio – besonders die faschistische Hymne *Giovinezza* (Jugend), aber es gab auch viele mitreißende Marschlieder. Sie gehören zu den Klängen meiner Kindheit, was nichts mit meiner späteren politischen Überzeugung zu tun hat. Denn die Melodien unterschieden sich in keiner Weise von dem, was ich schon vorher als italienische Musik kennen gelernt hatte. M. sang sehr gern. Sie brachte mir Opernarien bei (*La donna è mobile* aus Verdis »Rigoletto« beispielsweise), aber auch viele italienische Soldatenlieder, von denen die meisten aus der Zeit des Ersten Weltkriegs stammten und voll leidenschaftlichen Hasses gegen den österreichischen Feind waren (*Monte Grappa* oder *Auf der Brücke von Bassano*). Wahrscheinlich hatte sie diese Weisen von Onkel Willi gelernt, der seinen Militärdienst in den 1920er Jahren leistete, als die Lieder noch frisch waren. Besonders gefiel mir das Lied der Alpini mit dem Refrain *Eviva il regimento, eviva il Tricolor*, und das eine oder andere kann ich immer noch singen. Zum Beispiel die zweite Strophe von *Monte Grappa* – dabei handelt es sich um einen der höchsten Berge der Vicentiner Alpen, wo im Ersten Weltkrieg mehr als 12.000 italienische und über 10.000 österreichische Soldaten fielen: »Die Felder und Weinberge vor uns sind ein Glied, das man Italien abgetrennt hat. Wir holen es von den feindlichen Eindringlingen zurück.« (M. hat sich eigentlich nicht mit der antiösterreichischen Stimmung identifiziert, ihr gefiel einfach die Melodie).

Zwischen Monfalcone und Triest gibt es eine Straße entlang der Küste, über die wir oft gefahren sind. Mussolini-Zitate prangten dort in riesigen Lettern an den Felsen. Es gab sie auch an den Wänden der öffentlichen Gebäude, besonders in Südtirol, wo man damit die deutschsprachige

»Aber am wichtigsten waren die Lieder. Ich hatte viele von ihnen gelernt, manche von Vico, manche aus dem Radio.«

Bevölkerung einschüchtern wollte. Das berühmteste Zitat war: *Il Duce ha sempre raggione* – »Der Führer hat immer Recht«. Aber ich erinnere mich noch an viele andere: »Kämpfe, gehorche, kritisiere nicht!«, »Viel Feind, viel Ehr'!« und das wahrscheinlich beste von allen: »Ein Tag lang ein Löwe ist besser als das ganze Leben ein Schaf!« Im Rückblick erscheinen sie alle lächerlich, ein Teil der Operetten- oder besser Opera-buffa-Atmosphäre, die für das faschistische Italien so typisch war. Wenig verwunderlich, dass sie mir als Kind nicht lächerlich vorgekommen sind, aber sie haben mich auch nicht beeindruckt (ich verstand sie auch sicher nicht als Teil der ideologischen Indoktrinierung), für mich waren sie einfach ein völlig normaler Teil der Landschaft.

Es ist sicherlich nicht möglich, aus dem späteren historischen wie politischen Wissen Rückschlüsse auf die Urteilsfähigkeit eines Kindes zu ziehen. Trotzdem würde ich ganz objektiv sagen, dass es einen Unterschied zwischen dem italienischen Faschismus und anderen faschistischen Diktaturen gab. Der Begriff »Faschismus« wird bis heute sehr flexibel angewandt. Ich bin der Meinung, er ist eigentlich korrekterweise nur für das Mussolini-Regime in Italien anzuwenden. Der italienische Faschismus ist oft in dieselbe Kategorie eingereiht worden wie die Regime in Nazi-Deutschland und im falangistischen Spanien. In Italien herrschte der Terror nicht allenthalben wie unter den Nationalsozialisten – zumindest nicht bis zur letzten Konsequenz. Und es gab kein Blutvergießen wie bei den

Falangisten. Mussolini prägte den Ausdruck »totalitär«. In einer seiner ersten Reden kündigte er an, dass das faschistische Italien totalitär sein werde und erklärte dazu, es würde »nichts gegen den Staat, nichts ohne den Staat und nichts außerhalb des Staates« geben. Wenn Hannah Arendt Recht hat, war das Nazi-Regime erst ab 1939 voll totalitär, aber ich bin der Meinung, dass schon in den dreißiger Jahren der Unterschied zu Italien bemerkbar war. Tatsächlich aber war der italienische faschistische Staat im Sinne des späteren politologischen Terminus nicht totalitär. Es gab ein autoritäres Regime, das keine Opposition duldete, gelegentlich war es brutal, hatte eine Vielzahl von Organisationen für die verschiedenen Gruppen der Bevölkerung (etwa *Dopo Lavoro*, die Ferienheime für Arbeiter unterhielt) und es operierte mit einer massiven Propagandamaschinerie. Aber anders als Nazi-Deutschland oder das kommunistische Russland versuchte der faschistische Staat nicht, das gesamte soziale und persönliche Leben zu bestimmen. Menschen, die ihre Nase nicht in politische Angelegenheiten steckten und wenigstens alibihalber Lippenbekenntnisse zur offiziellen Ideologie abgaben, konnten ihr Leben weitgehend unbehelligt führen. Mehr noch: Sich am Leben zu erfreuen hieß im Italien der 1930er-Jahre für Erwachsene und noch viel mehr für die Kinder nicht, dass man ständig wegschauen musste, weil sich gegen den Nachbarn unaussprechliche Greueltaten abspielten.

An zwei Episoden meiner Kindheit, die eng mit dem Faschismus zusammenhängen, erinnere ich mich ganz besonders. Beide sind nicht wirklich aufregend. Die eine ereignete sich in jenem Sommer, in dem wir bei einem deutschsprachigen Bauern in Südtirol einquartiert waren. Die national ausgerichtete Politik der Faschisten sah die Unterdrückung der deutschen Sprache vor, die Bevölkerung sollte italianisiert werden. Diejenigen, die Widerstand leisteten, wurden bestraft, und jene, die sich fügten, belohnt. Meiner Erinnerung nach hatte der Bauer zehn Kinder (allein das beeindruckte mich sehr). Die ersten neun hatten gute österreichische Vornamen, so wie sie auch in Nordtirol üblich sind. Das zehnte Kind war ein Bub, der kurz vor unserem Eintreffen geboren wurde. Er hieß Italo.

Die zweite Episode fand später statt und deren Zusammenhang mit der ersten ist schwer zu erklären. Ich werde ihn nicht erklären und die Geschichten einfach nacheinander erzählen. Es muss 1935 oder 1936 gewesen sein. Wir waren in Bruneck/Brunico. M., ich und eine Dame, die vermutlich Wienerin war, weil sie sich mit M. auf Deutsch unterhielt, schauten an der Hauptstraße einer Parade der Alpini zu, die losmarschierten, um am Feldzug gegen Äthiopien teilzunehmen. Sie sangen ein damals sehr populäres Lied: *Schwarze Gesichter in Abessinien freuet euch, wir bringen euch den Duce und den König!* (Interessanterweise hieß es in einer anderen Liedzeile – und das mag als Beweis des nicht-rassistischen Charakters der faschistischen Ideologie im Italien der 1930er Jahre gelten: *Schwarzes Mädchen von Abessinien, freue dich. Jetzt bist du Sklavin, aber wir machen eine Römerin aus dir!*). Einige Zuschauer (bei weitem nicht jeder) grüßten die vorbeiziehenden Soldaten mit dem Faschistengruß (wir machten das natürlich nicht). M. wandte sich an die Dame, die neben uns stand: »Schauen Sie sich doch diese armen Tiroler Burschen an. Warum müssen die nach Afrika ziehen, um dort zu sterben?«

Viele Jahre später hielt ich eine Vorlesung in Puerto Rico. Es war die Zeit des Vietnam-Kriegs. Meine Gastgeberin war Professorin der dortigen Universität. Am Sonntag Morgen frühstückten wir mit ihrem Freund, einem Psychiater, der vorschlug, eine Fahrt über die Insel zu machen und in einem neuen Fischrestaurant einzukehren, das ihm empfohlen worden war. Auf der Fahrt blieben wir in einer kleinen Stadt im Stau stecken, was an einem Sonntagvormittag eher ungewöhnlich schien. Die Ursache war typisch südländisch: Ein Priester ging hinter einem Sarg, gefolgt von schwarz gekleideten Frauen, die laut und hemmungslos schluchzten. Einige Zuschauer knieten nieder und bekreuzigten sich. Der Sarg war mit einer amerikanischen Flagge bedeckt. Es war das Begräbnis eines Burschen der Ortschaft, der als Soldat im Vietnamkrieg gefallen war. Das Schauspiel entfaltete sich unter der strahlenden karibischen Sonne. Aber mir kamen die Tiroler Burschen in den Sinn, die auszogen, um in Afrika zu sterben.

Die *Italianità* von M.s Familie und damit auch meines Lebens ist dem großväterlichen Hang zur Romantik zu verdanken (ein kritischer Beobachter würde wahrscheinlich träumerische Sehnsucht dazu sagen). Ludwig Löw war in

Wien in eine sehr wohlhabende, assimilierte jüdische Familie hineingeboren worden. Die Loews waren seit einigen Generationen in Wien ansässig; Ludwigs Vater war Juwelier. Er selbst studierte Medizin, obwohl er offensichtlich andere Neigungen hatte, und begann mit wenig Engagement eine Laufbahn als Arzt. Fotografien zeigen ihn als attraktiven Mann mit verträumtem Blick. Er begann seine Karriere als Militärarzt in Zagreb (damals Agram), wo er meiner Großmutter begegnete. Einer Familienlegende zufolge betrat er eines Tages in seiner eleganten Uniform den Tabakladen meiner Urgroßmutter und fragte von oben herab: »Kann man hier so etwas wie Zigaretten bekommen?« Meine Großmutter Hermine (sie italianisierte später ihren Namen auf Erminia), damals eine junge Frau, ließ sich vom Wiener Hochmut, der da in ihre provinzielle Umgebung einbrach, nicht beeindrucken. Sie verkaufte ihm Zigaretten, und wenig später waren sie verheiratet. Die Ehe hielt bis zu Ludwigs Tod in den 1920er Jahren. Aus ihr gingen drei Kinder hervor – M., ihre ältere Schwester Marianne und der Jüngste, der mein Onkel Willi werden sollte. Die beiden anderen Kinder bekamen deutsche Vornamen, aber aus irgendeinem Grund sollte der Vorname meiner Mutter zu ihrem Geburtsort passen und sie wurde auf den kroatischen Namen Jelka getauft. Nachdem er abgerüstet hatte, eröffnete Ludwig für einige Jahre eine Praxis in Zagreb. So lernte M. Kroatisch und ging in Zagreb zur Schule.

Was sich wie eine ganz gewöhnliche Ärztelaufbahn anließ, verlief schließlich in weniger vorhersagbaren Bahnen.

Zum einen war Ludwig die Privatpraxis zuwider. Er gab vor, keine Honorare von Patienten annehmen zu wollen, was aber wenig glaubwürdig ist. Ich vermute, dass ihm eine Anstellung mit regelmäßigem Gehalt und klar geregelten Arbeitszeiten sehr wichtig waren, um sich seinen anderen Interessen widmen zu können. Und so suchte er nach einem passenden Posten. Zum anderen hatte er sich in Italien und in alles Italienische verliebt. Woher diese Neigung kam, weiß ich nicht, aber sie hatte weitreichende Konsequenzen. Zuerst arbeitete er als Kurarzt in verschiedenen Badeorten Istriens, der italienischsprachigen Region rund um Triest. Schließlich aber fand er genau jene Anstellung, die zu im passte: als Schiffsarzt des Österreichischen Lloyd. Er arbeitete auf Passagierschiffen, die von Triest aus in die Levante und weiter fuhren.

Die Familie übersiedelte deshalb von Zagreb nach Triest und fand dort eine neue Heimat. Alle lernten innerhalb kurzer Zeit fließend Italienisch. Das Leben war ruhig und angenehm. Triest war damals ein Zentrum des Welthandels und bot eine bunte kulturelle Vielfalt. Außer einer Mehrheit von Italienern lebte dort eine große deutschsprachige Minderheit (darunter auch eine einflussreiche jüdische Gemeinde). Die angrenzenden Gebiete waren kroatisch und slowenisch. Nicht immer lebten die verschiedenen Ethnien in Eintracht. Die Triestiner Stadtpolitik wurde vom italienischen *Irredentismo* überschattet, jener panitalienischen Bewegung, die für eine Loslösung von der österreichisch-ungarischen Monarchie und der Zugehörigkeit zum geeinten italienischen Staat eintrat. Der Begriff kommt von *terre irredente* (»unerlöste Gebiete«), womit aber vor allem jene Völker gemeint sind, die Anschluss an ihr Mutterland (oft im Sinne von »muttersprachlichem Land«) suchen. Allein schon diese Emotionalisierung zeigt, dass der Irredentismus fast religiösen Charakter hatte. Ich weiß nicht, ob überhaupt und in wieweit sich Ludwig mit diesen politischen Ansichten identifiziert haben mag, aber er genoss sein erreichtes Ziel, im kulturellen Umfeld Italiens leben zu können. Es sieht auch ganz danach aus, als wäre er gern auf seinen Schiffen fortgesegelt.

Der Fahrplan der Lloyd-Schiffe bestimmte daher das gesamte Familienleben. Wenn Ludwig heim kam, wurde er von einer hingebungsvollen Ehefrau und ihn bewundernden Kindern empfangen. Nach kurzer Zeit reiste er dann wieder ab. M. erzählte, dass Ludwig ein liebevoller Ehemann und Vater gewesen wäre. Ich habe keinen Grund daran zu zweifeln, auch wenn es mir verwunderlich erscheint, dass sich ein derartiger Ausbund an familiärer Tugend ausgerechnet einen Beruf ausgesucht haben soll, der ihn die meiste Zeit über von seiner Familie fern hielt. Ich habe einiges über den Österreichischen Lloyd gelesen (es gibt mittlerweile viel Literatur über Triest, und der Lloyd war wahrscheinlich die wichtigste Institution der Stadt). Das Leben an Bord muss angenehm gewesen sein. Es gab ein großes Freizeit- und Erholungsangebot und für einen Arzt wahrscheinlich wenig zu tun. Die Schiffe legten in interessanten Häfen an – Korfu, Istanbul, Alexandria, manchmal sogar in Bombay und Yokohama. Was Ludwig wohl bei seinen Landausflügen gemacht hat? Jedenfalls brachte er seiner Familie immer Geschenke mit.

Bei Ausbruch des Ersten Weltkrieges wurde Ludwig eingezogen und arbeitete wieder als Militärarzt. Der Höhepunkt seiner Militärkarriere war seine Bestellung zum Leiter der Zentralklinik für Geschlechtskrankheiten in Miskolc (Ungarn). Erst nach dem Krieg musste er dann seine wirklich große Lebensentscheidung treffen: Triest war italienisch geworden. Viele Deutschsprachige verließen die Stadt. Ludwig aber entschloss sich, nicht nur in Italien zu bleiben, sondern auch Italiener zu werden. Er suchte um die Staatsbürgerschaft an. Er wurde vor eine Gerichtsbehörde zitiert, wo er seine *Italianità* nachweisen musste. Zwei Beweisstücke, eines absurd und eines berührend, überzeugten schließlich die Behörden davon, dass Ludwig würdig war, an der »Erlösung« seiner Stadt im Sinne des Irredentismus teilhaben zu dürfen. Das eine war die Kopie eines Telegramms, in dem Ludwig dem römischen Königshaus zur Geburt eines Thronerben gratuliert hatte. Es handelte sich um Kronprinz Umberto, der nach dem Zweiten Weltkrieg für 35 Tage den Thron bestieg, bis die Italiener in einem Referendum entschieden, dass sie von den glücklosen Savoyern genug hätten und lieber in einer Republik lebten. Neben dieser Kopie hatte Ludwig auch die Empfangsbestätigung eines Hofbeamten.

Das zweite Beweisstück war von ganz anderer Natur: Während des Krieges hatte Ludwig überall, wo er stationiert gewesen war, zuerst einmal nachgefragt, ob es italienische Kriegsgefangene gab. Er besuchte sie dann, brachte ihnen Geschenke, hörte sich ihre Sorgen an und versuchte, so gut er konnte zu helfen. Er hatte ein Bündel von Dankesbriefen dieser ehemaligen Gefangenen, die Zeugnis von seiner Liebe zu Italien ablegten. Und so hatte sich Ludwig endlich die Identität verschafft, nach der er sich immer gesehnt hatte: Er wurde ganz offiziell Italiener. Er änderte seinen Vornamen in Lodovico (wie dann auch sein Enkel getauft wurde, Onkel Willis Sohn Vico; mein zweiter Taufname ist ebenfalls Ludwig.) Aus Wilhelm/Willi wurde Guglielmo. M. blieb aber Jelka, obwohl Ludwig/Lodovico wollte, dass sie ihren Namen auf Elena ändern sollte.

Der ganz profane Vorteil dieses Wechsels der Staatsbürgerschaft bestand darin, dass sich Ludwig keine andere Stelle suchen musste. Ab November 1918 stand der Österreichische Lloyd unter kommissarischer italienischer Verwaltung und wurde als »Lloyd Triestino« weitergeführt, der vorerst sein Hauptquartier in jenem prächtigen Gebäude am Hauptplatz behielt, der jetzt Piazza dell'Unità d'Italia heißt. Die Familie wohnte weiter in der Via Carducci. Und Ludwig segelte weiterhin auf seinen Schiffen dahin. Irgendwann in den 1920er Jahren starb er auf einem Lloyd-Schiff, als es gerade aus einem griechischen Hafen auslief. Einem Gerücht zufolge hat er Selbstmord begangen, aber ich habe keine Möglichkeit, das zu überprüfen.

Während M. und ihre Schwester nach Wien heirateten, blieb mein Onkel Willi ganz im Sinne von Ludwigs Absichten in Italien. Auch er wurde italienischer Staatsbürger, leistete seinen Militärdienst in der italienischen Armee und studierte an einer italienischen Universität Chemie. Er heiratete Tante Maria – eine geborene, keine konvertierte Italienerin, eine wunderschöne Frau mit feurigem Temperament. Sie hatten zwei Kinder, Vico und Paola (Vico wurde Angestellter in einem Konzern, Paola Schauspielerin). Für Onkel Willi war die Identität als Italiener eine Selbstverständlichkeit und er war ein echter Patriot (samt Faschismus). Soweit ich das beurteilen kann, erbte er von seinem Vater das verträumte Temperament, dessen universellen Forschergeist und ausnehmende Liebenswürdigkeit. Nach Ludwigs Tod lebte meine Großmutter Hermine/Erminia in Onkel Willis Haushalt, auch wenn sie ihre beiden Töchter oft und ausgiebig in Wien besuchte. Onkel Willi war Fachmann für Pflanzenöle und arbeitete viele Jahre lang für »Olio Sasso«, einen mittlerweile europaweit bekannter Speiseölerzeuger. Als Mussolini als Zeichen seiner Allianz mit Nazi-Deutschland antisemitische Politik betrieb, emigrierte Onkel Willi zuerst nach Paraguay, dann nach Argentinien. In beiden Ländern hatte er weiterhin beruflichen Erfolg. Als er in Pension ging, zogen er und Tante Maria in deren Heimatstadt Bologna zurück, wo sie auch beide beerdigt sind. M. hatte ein sehr enges Verhältnis zu ihrem Bruder. Als es nach dem Zweiten Weltkrieg wieder möglich war, besuchte sie ihn in Argentinien, er kam zu ihr in die USA und gemeinsam unternahmen sie Europareisen. Ein Charakteristikum der Familie Löw ist es – wie es eine

meiner Wiener Tanten einmal abschätzig bezeichnet hat
– »aufeinander zu sitzen«: Diese intensive familiäre Nähe
muss auf Außenstehende wohl unangehem gewirkt haben.
Für mich war es das nie. Ich erinnere mich an Onkel Willi
als einen Mann von großer Güte. Ich habe noch im Ohr,
wie er Deutsch gesprochen hat – fließend, aber mit einer
weichen italienischen Färbung.

M. sprach genauso gut Deutsch wie Italienisch und
Kroatisch. Aber ich glaube, dass die emotionelle Bindung
an ihre Geburtstadt Zagreb nicht sehr eng war. Wenn sie
nach ihrer Herkunft gefragt wurde und nicht erst lange
ihre komplizierte Familiengeschichte erzählen wollte,
sagte sie immer: »Ich bin aus Triest.« Dennoch prägte die
turbulente Geschichte dieser Stadt auch ihre Biografie und
frühen Erinnerungen. Kroatien war bis zum Ersten Weltkrieg autonomer Teil Ungarns. Ein Symbol der ungarischen Herrschaft war die Hauptpost (die vermutlich auch
jene Königlich Ungarische Postsparkasse beherbergte, deren Namen ich als Kind so eifrig lernte auszusprechen).
Über dem Eingang prangte riesig das ungarische Wappen.
M. erzählte, dass es von kroatischen Nationalisten häufig mit Tinte und faulen Eiern beworfen wurde. Auch an
Ausschreitungen gegen die serbische Minderheit konnte
sie sich erinnern, in deren Verlauf kroatischer Mob einen
Friseurladen in ihrer Nähe demolierte, nur weil er einem
Serben gehörte. Gegen Ende des Ersten Weltkriegs war M.s
Familie über verschiedene Orte verstreut. Obwohl M. so
lange in Triest gelebt hatte, war sie aus irgendeinem Grund

in Zagreb, als die serbische Armee die Stadt besetzte. Sie wusste noch, wie sie durch einen Vorhang vom Fenster aus serbische Abteilungen durch die Straßen marschieren sah, die fremd und bedrohlich auf sie wirkten. Sie sangen Loblieder auf die Dynastie der Karadjordjevic, die das pro-österreichische Regime der Obrenovic gestürzt und jene Verschwörung angezettelt hatte, die schließlich zur Ermordung Erzherzog Franz Ferdinands in Sarajewo führte. Ich glaube, dass ich die grauenhafte Geschichte vom Sturz der Obrenovic-Dynastie durch eine Junta serbisch-nationaler Offiziere erstmals von M. gehört habe. König und Königin wurden im Palast in Belgrad ermordet, ihre Leichen aus dem Fenster geworfen, und die meuternden Offiziere tanzten »Kolo«, den serbischen Nationaltanz, rund um die sterblichen Überreste. Ist es dann verwunderlich, wenn M. auf ihre Triestiner Provenienz pochte?

Ich bin nie in Zagreb gewesen. Ich schnappte einige kroatische Redewendungen auf, weil ich manchmal M. mit Freunden aus ihrer Kindheit reden hörte, die sie immer wieder traf. Aber die paar Brocken haben mir nie etwas bedeutet. Es gibt allerdings eine Episode meiner Kindheit, die mit Zagreb in Verbindung steht und die sich lebhaft in mein Gedächtnis eingegraben hat. Dabei erlebte ich erstmals den Umgang mit dem Tod. Ich muss sieben oder acht gewesen sein. Ein Mann mittleren Alters, dessen Familie M. kannte, kam nach Wien, um sich dort ärztlich behandeln zu lassen. Ich weiß nicht, wie er wirklich hieß; alle sprachen ihn nur mit seinem Kosenamen Tschintschi an. M. und ich besuchten ihn während seiner Rekonvaleszenz nach einem mir unbekannten Heilverfahren. Er wohnte in der Krainerhütte im Helenental bei Baden (wo ich als Erwachsener auch einmal abgestiegen bin). M. und ich fuhren mit der Badner Bahn hin, und obwohl ich sie nicht zum ersten Mal bestiegen hatte, war ich dennoch davon beeindruckt, dass sie blau war und sonst wie die roten Wiener Straßenbahnen aussah. In der Krainerhütte bekamen wir Kaffee und Kuchen, danach hatte Tschintschi eine besondere Überraschung für mich parat: Er hatte eine Pferdekutsche gemietet. Ich fuhr zum ersten Mal mit einem solchen Gefährt und es war sehr aufregend für mich. Wir fuhren mit dem Gespann durch das liebliche Helenental, hinaus nach Mayerling zu jenem romantisch gelegenen Jagdschlösschen, in dem Kronprinz Rudolf mit seiner jungen Geliebten Selbstmord begangen hatte. Ich weiß nicht mehr, ob ich diese Geschichte damals schon gekannt habe, aber man wies mich auf Mayerling hin. Es war ein wunderbarer Besuch bei Tschintschi und ich bedankte mich herzlich für die Kutschenfahrt. Wenig später starb Tschintschi. Ich überlegte, ob er wohl schon gewusst hatte, dass er sterben würde, als wir bei ihm zu Besuch waren. Dann kamen seine Witwe und seine zwei Töchter nach Wien, wohl um das Begräbnis zu arrangieren. M. und ich besuchten sie. M. saß mit der Witwe beisammen, und ich war in Gesellschaft der beiden Töchter, Teenager, die ich als sehr schön in Erinnerung habe. Sie sprachen nur Kroatisch und daher konnten wir uns nicht unterhalten. Ich wollte ihnen gerne sagen, wie leid es mir tat, dass Tschintschi gestorben war, aber ich konnte es nicht. Wir saßen an einem Tisch, darauf stand eine Schale mit ungeschälten Erdnüssen, die mir die beiden unablässig zuschoben. Das war mir peinlich und ich wusste mir nicht anders zu helfen, als ständig Erdnüsse zu essen, bis ein riesiger Berg Schalen vor mir lag.

Während des Esten Weltkrieges arbeitete M. als Krankenschwester in einem Militärspital in Triest. Sie hat viele Briefe und Postkarten von ehemaligen Patienten aufgehoben, die sich dafür bedankten, wie wundervoll sie sich um sie gekümmert hatte. Als Ludwig das Spital in Miskolc leitete, fuhr M. hin, um ihm den Haushalt zu führen. Sie hatte zwei schöne Erinnerungen an diese Zeit. Zum einen brachten ihr dort einige Ärzte bei, den ungarischen Csardas zu tanzen. Sie rieten ihr, mit einem Sessel zu üben. Zum anderen gab es in der Offiziersmesse eine Musikkapelle, die stets zum Abendessen aufspielte. Immer wenn Ludwig, der befehlshabende Offizier, und M. die Messe betraten, unterbrach das Orchester sein Spiel und stimmte den Rakoczy-Marsch, die ungarische Nationalhymne, an. Das war jedes Mal ein bewegender Augenblick für sie.

M.s Ehe war glücklich und so war Wien für sie mit schönen Erinnerungen verbunden. Immer wieder erzählte sie mir von einem Ereignis, das – obwohl an und für sich belanglos – für sie sehr bedeutungsvoll gewesen ist. Ich war damals noch ein Baby. M. besuchte V. in seinem Geschäft, das ausnahmsweise einmal gut ging. So entschloss sie sich, mit einem Taxi nach Hause zu fahren, wo ein Kindermädchen auf mich aufpasste. Sie erinnerte sich genau daran, wie sie sich zurücklehnte und überlegte, wie glücklich sie doch war: Sie hatte gerade ihren Ehemann besucht, der sie liebte und den sie liebte, sie konnte sich ein Taxi leisten und sie fuhr jetzt zurück in eine schöne Wohnung zu ihrem Kind. Trotzdem hat M. Wien nie gemocht. Sie vermisste natürlich ihre Familie in Italien. Aber noch mehr: Sie empfand Wien als einen gefühlskalten Ort, was auch daran liegen mag, dass sie zu V.s Schwestern keine herzliche Beziehung aufbauen konnte.

Ich frage mich, ob Ludwigs Italienverliebtheit, die er M. vererbt und die so weitreichende Folgen für jedes einzelne Familienmitglied gehabt hatte, einfach nur auf einer unbestimmbaren Sehnsucht beruhte. Zu einem gewissen Grad war das sicher so. Denn wie jede andere Gesellschaft hat auch die italienische ihre dunklen Seiten. Ludwig aber war felsenfest davon überzeugt, dass Italien nicht nur das zivilisierteste Land Europas ist, sondern auch das menschenfreundlichste. Dagegen lässt sich tatsächlich schwer argumentieren. Wenn man jedoch die Humanität am Umgang eines Volkes mit dem Antisemitismus misst – zumindest in Europa –, dann steigt Italien aus einem solchen Vergleich noch verhältnismäßig gut aus. Mussolinis antisemitische Politik hatte nämlich kein Echo in der Bevölkerung. Viele einfache Italiener versteckten Juden oder halfen ihnen bei der Flucht. Wirklich bemerkenswert aber ist das Verhalten der italienischen Armee, denn viele ihrer Soldaten sabotierten die Judenhatz der deutschen Besatzungssoldaten. Abgesehen davon: Italien ist das einzige Land Europas, in dem von der Antike bis heute ununterbrochen Juden in organisierter Form lebten und leben. Vielleicht hatte Großpapa Löw also doch Recht.

Wir kamen im Sommer 1938 wieder nach Italien, nachdem wir das von den Nationalsozialisten besetzte Wien verlassen mussten. Ich erinnere mich an unsere Ankunft an der Grenzstation. Onkel Willi – wie immer mit seinem faschistischen Parteiabzeichen am Revers – erwartete uns winkend auf dem Bahnsteig. Er musste sich nicht weiter für uns einsetzen; die Passkontrolle durch die Italiener verlief ohne Probleme. Wir waren alle sehr erleichtert, als der Zug weiterfuhr. Aber diese Erleichterung war nur von kurzer Dauer.

Wir hätten keinen schlechteren Zeitpunkt wählen können. Gerade hatte Mussolini seine Rassengesetze erlassen, die unter anderem die Ausweisung aller Flüchtlinge aus Nazi-Deutschland vorsah. Alle Bemühungen von Onkel Willi, uns das zu ersparen, nützten nichts. Als Nicht-Arier war er selbst gefährdet und wurde wenig später aus der faschistischen Partei ausgeschlossen. Es wurde uns eine Frist von ein paar Wochen gesetzt, um Italien zu verlassen, ansonsten würden wir zurück ins Deutsche Reich abgeschoben werden. (Wir wussten, dass das – zumindest für V. – die Deportation in ein Konzentrationslager bedeutet hätte; was mit M. und mir selbst geschehen wäre, möchte ich mir nicht vorstellen.) Wie in den früheren Sommern fuhren wir nach Bruneck/Brunico und mieteten uns in der Bischofsburg ein. Wieder spielten Vico und ich bei den Befestigungsmauern und in den Verliesen, aber wir konnten nicht so sorglos sein wie früher. Eine unserer Spielkameradinnen war eine rothaarige Italienerin in unserem Alter, deren Vater wenigstens Admiral war. Sie begann mit Vico zu streiten und nannte ihn einen dreckigen Juden. Später hat sie sich dafür entschuldigt, aber er war weniger verletzt als vielmehr verwundert über diese Zurückweisung, wo er doch ein treuer junger Faschist war.

Die darauf folgenden Wochen vergingen mit verzweifelten Bemühungen, Visa in irgendein anderes Land zu erhalten. Onkel Willi fuhr uns nach Mailand, wo viele Konsulate ansässig waren, aber keines war bereit, uns Visa auszustellen. Ich erinnere mich nicht an die Details dieses Aufenthalts in Mailand außer der allgegenwärtigen Beklommenheit. Am Weg zurück wurde mir im Auto schlecht. Wir hielten an einem Pass namens Monte Croce, wo Soldaten postiert waren. Ich stieg aus und übergab mich. Ein Soldat der Alpini sprach tröstend auf mich ein, und als er unsere Triestiner Nummerntafeln sah, sagte er: »Oje, ihr habt ja noch einen weiten Weg vor euch.«

Am Ende des Sommers kehrten wir zu Onkel Willi nach Monfalcone zurück. M. und V. klapperten alle Konsulate ab, die es in Triest gab. Schließlich gingen sie zum wiederholten Mal ins britische Konsulat, ich war nicht mit. Als man ihnen neuerlich sagte, dass uns keine Visa ausgestellt werden könnten, brach M. weinend zusammen. Anscheinend hatte der Konsularbeamte Mitleid und war nun bereit, uns trotz gegenteiliger Vorschriften ein Besuchervisum für Kenia oder Palästina auszustellen – die Elten sollten sich entscheiden für welches Land. Es war klar, dass die britischen Behörden uns aus keinem dieser Staaten ausweisen würden, auch wenn die Visa abgelaufen sein würden. Ich glaube nicht, dass V. und M. für ihre Entscheidung viel Zeit hatten. Sie entschieden sich für Palästina. Später sagten sie, es sei ihnen weniger fremd vorgekommen. Manchmal habe ich mir überlegt, wie mein Leben verlaufen wäre, hätten sie sich für Kenia entschlossen.

Wir brachen eilig auf – mit wenig Geld und noch weniger Gepäck. Aber wir reisten mit Stil – völlig unangebracht in unserer Situation. Onkel Willi hatte für uns einen Flug mit der *Ala Littoria* (das war die staatliche Fluglinie, die Bezeichnung leitet sich von *ala* für Flügel und *littorio* für Liktor ab) von Triest nach Haifa gebucht. Die Reise war angenehm und luxuriös – sieht man vom Start ab, bei dem mir schlecht wurde, als ich plötzlich das Meer über statt unter mir sah (Fliegen ging damals nicht so glatt wie heute). Das Flugzeug war ein Wasserflugzeug und machte Zwischenlandungen in Brindisi, Athen und auf Rhodos. In Athen brachte uns die Fluglinie in einem eleganten Hotel unter. Ein entfernter Verwandter von V. war mit einer reichen Griechin verheiratet. Er führte uns zu einem opulenten Abendessen aus (im Bürgerkrieg ist er dann unter mir unbekannten Umständen von den Kommunisten erschossen worden). Auf Rhodos, das damals zu Italien gehörte, gab es ein paar Stunden Aufenthalt. Wir mieteten eine Pferdekutsche, die uns durch die Stadt führte. Dann verließen wir Italien für immer. Einige Stunden später landeten wir in Haifa und konnten ohne Schwierigkeiten einreisen. Hier begann eine ganz andere Geschichte.

Seither bin ich oft wieder in Italien gewesen und habe mich dort immer zu Hause gefühlt. Auf einem Familienurlaub mit M. in Jugoslawien fuhren wir nach Portorož/Portorose. Das Hotel, in dem sich meine Eltern kennen gelernt hatten, war noch da, und wir machten ein Foto mit M. davorstehend. Es hieß immer noch Hotel Regina. Nach Triest kam ich nur einmal zurück. Es war kein besonders erwähnenswerter Besuch. Ich fand tatsächlich Ludwigs Grab auf dem jüdischen Friedhof, wo es auch einen Gedenkstein für alle in den letzten Kriegsmonaten aus Triest in die deutschen Vernichtungslager deportierten Juden gab. Ich fand die Via Carducci auf einem Stadtplan, aber es hatte keinen Sinn hinzufahren, da ich mich nicht an die Hausnummer erinnerte. In den frühen 1970er Jahren spielte ich mit dem Gedanken, einen Roman vor dem Hintergrund Triests zu Beginn des 20. Jahrhunderts zu schreiben. Es wäre einen Versuch wert gewesen, die Zeit, als Österreich an der Adria lag, wieder auferstehen zu lassen und dabei die unterschiedlichen Einflüsse der Mitteleuropäer, Italiener und Slawen herauszuarbeiten. Damals lebte M. noch. Ich zeichnete Interviews mit ihr auf, in denen sie das Leben im Triest von damals beschrieb. Das Band habe ich noch, aber ich habe es nie übers Herz gebracht, es abzuhören. Ich bin sogar so weit gegangen, Claudio Magris zu kontaktieren, den Doyen der Triestiner Intellektuellen. In seinem ersten Buch rechnete er scharf mit dem so genannten »Habsburg-Mythos« ab, später hat er seine Meinung geändert und die habsburgische Vergangenheit Triests sogar verklärt. Magris versprach mir Unterstützung, wenn ich nach Triest käme. Das tat ich aber nie. Andere Projekte kamen dazwischen.

Ich stelle mir M. mit ihrer Mutter und ihren Geschwistern vor, wie sie am Ufer in Triest stehen und auf das Lloyd-Schiff warten, das Ludwig nach Hause bringen wird. Manchmal denke ich, dass wir alle, tief in unserem Herzen, auf dieses weiße Schiff warten – Madame Butterflys *Questa nave bianca* –, von dem wir uns die Erfüllung all unserer Wünsche erhoffen.

»Gemeinsam mit einigen anderen Neuankömmlingen steckte man mich zuerst in den Hebräischunterricht.«

Außenseitertum

Nach unserer zweimaligen unfreiwilligen Abreise, zuerst aus Wien, dann aus Italien, kamen wir im Herbst 1938 in Haifa an. Ich glaube, V. und M. waren davon überzeugt, dass es sich um einen kurzen Aufenthalt handeln würde, eine Zwischenstation vor der Weiterreise zu begehrteren Destinationen in Nord- oder Südamerika, wohin viele unserer Verwandten unterwegs waren. Es war nicht vorhersehbar, dass der Krieg dazwischenkommen und wir Palästina (wie es damals hieß) erst acht Jahre später verlassen können würden. Ich war neun bei unserer Einreise und siebzehn, als wir weggingen. Kein Wunder, dass die dazwischenliegenden Jahre für mein Leben äußerst prägend waren.

Bevor das Wasserflugzeug der *Ala Littoria* im hoch aufspritzenden Wasser aufsetzte, zog es eine Schleife über den Golf von Haifa, so dass wir die Stadt und ihre herrliche Lage am Fuß des Karmel sehen konnten. Wir waren in Hochstimmung, froh, den Belastungen und Sorgen der letzten Monate entkommen zu sein, und genossen immer noch den noblen Charakter unserer Reise. Man hatte uns ein kleines Hotel am Karmel empfohlen, wo wir einige Tage wohnten, während V. Verbindung zu Bekannten aufnahm, über die er hoffte, Arbeit zu finden; die ersten, mit denen wir Kontakt aufnahmen, waren die Marbergers aus Zagreb, die M. von früher kannte. Als wir sie besuchten, waren sie entsetzt über die hohen Kosten unseres Hotels und rieten uns zu übersiedeln. Sie halfen uns, ein möbliertes Zimmer im Vorort Bat Galim zu finden, wo sie selbst wohnten. Bat Galim blieb während all der Jahre in Palästina unser Zuhause, zuerst wohnten wir in verschiedenen möblierten Zimmern, dann, als V. endlich Arbeit gefunden hatte, nacheinander in zwei Wohnungen.

Ich weiß nicht, wie Bat Galim heute aussieht. Damals war es eine sehr angenehme Wohngegend, ungefähr zwanzig Busminuten vom Zentrum Haifas entfernt. Und es lag am Meer – das hebräische *Bat Galim* heißt auf Deutsch »Tochter der Wogen«. In seinem Zentrum gab es zwei öffentliche Einrichtungen: ein Schwimmbad für alle, die nicht gern im Meer badeten, und ein großes Gebäude, das sich Casino nannte. Der Name war irreführend, denn eigentlich handelte es sich um einen Nachtklub, der besonders gern von britischen Offizieren frequentiert wurde. Es gab aber eine gute Infrastruktur mit Geschäften und zwei Kaffeehäusern. Das schönste war für mich ein Sandstrand neben dem Casino, wo wir oft badeten und in der Sonne lagen. Am Rand von Bat Galim gab es zwei große britische Armeelager, eines davon hatte Artilleriegeschütze, die aufs Meer und in den Himmel gerichtet waren.

Zu dieser Zeit gab es zahlreiche Terrorakte von Seiten der Araber. Als der Krieg ausbrach, fand diese Bedrohung ein Ende, und als wir abreisten, wurde sie durch jüdische Gewalttaten ersetzt. Man warnte uns davor, in die arabischen Teile der Stadt zu gehen. Einer unserer Nachbarn war ein jüdischer Polizist, der sein Gewehr immer in der Küche putzte, eine Handlung, die ich mit großem Interesse verfolgte. Die Busse ins Zentrum hatten Jalousien, die vor Steinen oder Handgranaten schützen sollten, und die Busfahrer waren mit Revolvern bewaffnet. Einmal beobachtete ich einen britischen Offizier in Paradeuniform auf dem Weg ins Kasino, der eine große Pistole in der Hand trug.

Um ein wenig Geld zu verdienen, hatte M. in Annoncen Italienisch- und Deutschunterricht angeboten, und aus irgendeinem Grund buchte ein sehr netter britischer Offizier die angebotenen Italienischstunden. Er wurde getötet, als sein Wagen auf eine Landmine auflief. Sein Adjutant kam tränenüberströmt in unser Zimmer und erzählte, was geschehen war. Schließlich bot er an, eventuell noch offene Unterrichtsgebühren zu begleichen.

Wir trugen unser Christentum (wenn man das überhaupt so nennen kann) nicht vor uns her. Wir benahmen uns wie alle anderen jüdischen Flüchtlingsfamilien und wurden auch für eine solche gehalten. In Bat Galim gab es auch eine Schule, in die ich eingeschrieben wurde (ich glaube, es wurde Unterricht vom Kindergarten bis zur Mittelschule angeboten). Gemeinsam mit einigen anderen Neuankömmlingen steckte man mich zuerst in den Hebräischunterricht. Ich weiß nicht, wie gut ich dort Hebräisch gelernt habe, aber anscheinend genügend, um über die Runden zu kommen. Heute kann ich nicht mehr sehr viel, obwohl ich jedes Mal, wenn ich Hebräisch höre, überrascht bin, wie viel ich doch noch verstehe. Meine Klassenlehrerin war eine engagierte junge Frau, die uns von jüdischen Heldentaten erzählte und zionistische Lieder beibrachte. Mir sagte man, dass mein Vorname unzulässig sei und man mich von nun an Jakov nennen würde. Das behagte mir überhaupt nicht. Die Schule mochte ich ebenfalls nicht. Die einheimischen Kinder, die *sabras*, machten sich ununterbrochen über mich und die anderen Neuankömmlinge lustig, und das ärgerte mich.

Soweit ich mich an meinen damaligen Seelenzustand erinnern kann, glaube ich nicht, dass meine ablehnende Einstellung der Schule gegenüber damit zu tun hat, dass ich mich nicht als Jude empfand, was man natürlich voraussetzte. Mir war auch das Christentum gleichgültig, vor allem in Anbetracht der Umstände meiner Taufe (auf die ich gleich zu sprechen kommen werde). Vielmehr habe ich wohl als Neuling auf meine Art auf den Spott und das mangelnde Entgegenkommen der einheimischen Kinder reagiert.

Die Lieder, die wir lernten, gefielen mir und ich habe noch einige Melodien im Ohr, wenn ich auch die Texte nicht behalten habe. Wir hatten einen athletischen jungen Lehrer, der mit uns Fußmärsche unternahm. Wenn wir im Gleichschritt an einem Armeelager vorbeigingen, rief er uns zu: »Zeigen wir den Engländern, wie wir marschieren können!« Dann ließ er uns damals übliche zionistische Parolen rufen: »Freie Zuwanderung! Für einen hebräischen Staat!« Einige britische Soldaten saßen in Unterhemden vor ihren Baracken und rauchten. Sie beachteten uns nicht.

Ich erinnere mich an ein Ereignis, das mich besonders unglücklich machte: Der Direktor hatte seine Wohnung in dem Haus, das gegenüber unserer ersten möblierten Unterkunft lag. Eines Nachmittags nach Schulschluss gab es dort einen großen Tumult. Man erzählte mir, dass der kleine Sohn des Direktors, den ich ein paar Mal gesehen hatte und der wohl erst drei oder vier Jahre alt war, in ein Becken gefallen und ertrunken war. Dann brachte man den Direktor und seine Frau in ihre Wohnung. Er war bewusstlos und musste auf einer Tragbahre getragen werden. Die Frau des Direktors wurde von zwei Frauen gestützt und schrie immerfort.

Unsere finanzielle Lage war ziemlich prekär. M.s Sprachunterricht brachte sehr wenig ein. V. fand zwar immer wieder Gelegenheitsjobs, aber keinen ständigen Arbeitsplatz. Wir überlebten dank kleiner Überweisungen von Verwandten und Freunden aus dem Ausland. Als wir uns die Miete für das möblierte Zimmer nicht mehr leisten konnten, schlugen uns die Marbergers großzügigerweise vor, zu ihnen zu ziehen. Wir hatten ein Zimmer in ihrer kleinen Wohnung, die nun sieben Menschen beherbergte – uns, das Ehepaar Marberger und ihre beiden Kinder. Es war also ziemlich beengt dort, aber die Wohnung lag direkt am Strand, wohin ich mit der ungefähr gleichaltrigen Tochter der Marbergers schwimmen und Ball spielen gehen konnte.

Es muss ungefähr ein Jahr nach unserer Ankunft in Haifa gewesen sein, als V. eine zufällige Bekanntschaft machte, die unsere Situation grundlegend veränderte und weitreichende Auswirkungen auf mein ganzes Leben hatte. Auf einer seiner Stadtrundgänge, die er im Zuge seiner Arbeitssuche immer wieder unternahm, kam er an einer protestantischen Mission vorbei. Er blieb stehen, um sich deren Informationsmaterial anzusehen und kam dabei mit einem der Missionare, einem gewissen Herrn Plotke, ins Gespräch. Der war ein recht jovialer deutscher Jude, der schon in Deutschland der Heilsarmee beigetreten und sogar »Offizier« dort geworden war. V. ließ durchblicken, dass wir auch Christen seien, worauf ihm Herr Plotke versprach, ihn bei der Arbeitssuche zu unterstützen.

Wenn ich mein Leben Revue passieren lasse, stelle ich mir oft die Frage, wie es verlaufen wäre, wenn es das eine oder andere Ereignis gar nicht oder ganz anders gegeben hätte. Was wäre wohl gewesen, wenn V. nicht stehen geblieben wäre und mit Herrn Plotke geplaudert hätte? Oder wenn V. und M. sich auf dem Konsulat in Triest nicht für Palästina, sondern für Kenia entschieden hätten? Oder wenn V. nicht mit der jungen Tochter des italophilen Kurarztes in Portorose schwimmen gegangen wäre? Und wenn dieser Kurarzt nicht von Italien besessen gewesen wäre? Die Macht des Zufalls lastet ebenso schwer auf der persönlichen wie auf der Weltgeschichte – was wäre geschehen, wenn Thomas Luckmann und ich 1910 die österreichisch-ungarische Monarchie hätten retten können? Hier soll aber nicht über Zufall und Notwendigkeit philosophiert werden. Viel mehr muss ich erklären, was dahinter steckte, als V.

Herrn Plotke eröffnete, dass wir Christen sind. Dafür muss ich in die Zeit kurz vor unserer Abreise aus dem nationalsozialistisch besetzten Wien zurückgreifen.

Gemäß der Ideologie und den Gesetzen der Nazis war man als Jude Angehöriger einer Rasse, woran auch die Konversion vom Judentum zu einer anderen Religion nichts änderte. Im Sommer 1938 gab es jedoch Gerüchte in der Wiener Kultusgemeinde, dass bestimmte südamerikanische Staaten großzügiger bei der Visavergabe wären, wenn sich Juden als Angehörige einer christlichen Gemeinde ausweisen könnten. Ob daran etwas wahr war, kann ich nicht beurteilen, ich kenne niemanden, der es ausprobiert hat. Wie auch immer. Ein christlicher Kleriker ließ wissen, dass er jeden, der ihn darum bitten sollte, taufen würde. Es war der anglikanische Kaplan an der britischen Botschaft. Er verlangte ein bescheidenes Honorar für diesen Dienst und, so viel ich weiß, ist er später von seinen Vorgesetzten für diesen Taufschacher gerügt worden. Ich weiß nicht, ob ihn nur die Gier trieb (wobei der Profit kein großer gewesen sein kann) oder ob er einfach Menschen dabei helfen wollte, den Nationalsozialisten zu entkommen.

Im Spätsommer 1938 fanden V., M. und ich uns gemeinsam mit ungefähr 30 anderen in der Kapelle der britischen Botschaft ein, um die Taufe nach dem Ritus der »Church of England« zu empfangen. Auch eine von V.s Schwestern und ihr Mann waren mit von der Partie. In kleinen Gruppen traten wir vor, knieten vor dem Altar nieder und wurden einer nach dem anderen getauft. Als wir in unsere

Kirchenbank zurückkehrten, beugte sich mein Onkel zu mir und sagte mit einem zynischen Grinsen: »Jetzt bist du also getauft!« Ich weiß noch, wie schrecklich verlegen und irgendwie erniedrigt ich mich da fühlte. Nach der Zeremonie bekamen wir die Taufscheine, die ja der eigentliche Sinn und Zweck des Unternehmens waren. Ich habe den meinen noch immer. Es waren offensichtlich Standardformulare, die in den englischen Kirchen auch verwendet wurden. Darauf stand, dass wir in der »Pfarre« Wien in der »Grafschaft« Österreich getauft worden waren. Die Unterschrift des vollziehenden Priesters ist unleserlich.

Es ist schwirig, mich in die Stimmungslage eines Neunjährigen zu versetzen und eine Antwort darauf zu finden, was ihm dieses (in der Rückschau albern erscheinende) Ereignis bedeutet haben mag. Außer an eine unbestimmte Verlegenheit erinnere ich mich an keine Wirkung von dieser Begebenheit, die freilich in einer Atmosphäre der Angst stattfand. Ich liege sicher nicht falsch mit der Annahme, dass ich mich ohne Schwierigkeiten von dieser christlichen Identität, die mir angeblich bei dieser kleinen Zeremonie verliehen worden ist, lossagen hätte können, dass ich sie ganz einfach hätte vergessen können, hätte sie nicht kurze Zeit später eine sehr praktische Bedeutung bekommen. Darum hatte ich auch keinerlei Gewissensbisse wegen uns vermeintlichen Christen, die sich in Haifa als ganz gewöhnliche jüdische Flüchtlinge ausgaben. Ich erinnere mich noch, wie ich kurz vor der Taufzeremonie V. gefragt habe, ob wir denn nun Katholiken werden (das war die einzige christliche Gruppe, die ich damals kannte). Er sagte nein, wir würden Anglikaner werden. Er konnte mir nicht wirklich erklären, was der Unterschied zwischen den beiden Konfessionen war. Wir wurden auch von unserem Botschaftskaplan nicht einschlägig unterwiesen. Als ich mehr über die Bedeutung der Taufe wissen wollte, kaufte mir V. einen katholischen Katechismus. Er sagte, dass mir das weiterhelfen würde. Das tat er nicht, aber ich habe mich auch nicht weiter damit beschäftigt. Ich erinnere mich an eine Passage über die heiligen Handlungen des Priesters während der Messe, aber V. wies mich darauf hin, dass diese Dinge in der »Church of England« eine andere Rolle spielten. Ich muss wohl dazu sagen, dass V.s theologische Interessen gleich null waren, aber er war immer von allem Englischen entzückt gewesen, und ich kann mir vorstellen, dass es seinem anglophilen Hang sehr entgegenkam, anglikanisch zu sein. Das also war die Basis unseres Christentums, mit dem sich V. gegenüber Herrn Plotke auswies.

Bevor ich von den Folgen von V.s Gespräch mit Herrn Plotke berichte, sollte ich noch von einem ziemlich ungewöhnlichen Vorfall erzählen, der mit den erwähnten Taufscheinen zusammenhängt. Die Kirche des Heiligen Grabes in der Altstadt von Jerusalem wird traditionellerweise (und vermutlich fälschlich) als Bestattungsstelle Jesu angesehen. Nur Christen sollen sie betreten dürfen. Da aber die verschiedenen christlichen Gemeinschaften, die dort ihre Gottesdienste abhielten – die Griechen, die Lateiner, die Armenier, die Kopten –, über endloses Gezänk nicht hinauskamen, hatten die ottomanischen Behörden die Verwaltung dieser Kirche in muslimische Hände gelegt und daran haben die Briten später nichts geändert. Irgendwann während unseres Aufenthalts in Palästina sind V. und M. mit mir nach Jerusalem gereist. Wir wollten in die Grabeskirche gehen, wurden aber von einem muslimischen Wächter aufgehalten. Er sagte: Hier dürfen nur Christen hinein, nicht Juden wie ihr. V. wurde sehr zornig und streckte ihm triumphierend jenen Taufschein entgegen, der ihm in der Botschaft in Wien ausgestellt worden war. Der Moslem, der höchstwahrscheinlich das Dokument gar nicht lesen konnte, war offensichtlich so beeindruckt, dass er uns durchwinkte. Mir war der Vorfall peinlich. Ich fragte mich, ob V. seinen Taufschein immer mit sich herumtrug und wenn ja, warum.

Der britische Imperialismus hatte immer eine religiöse Dimension, legitimiert einerseits durch die enge Verbindung mit der etablierten Kirche (immerhin gibt es den vom Souverän hochgeschätzten Titel *Defender of the Faith*, also zu Deutsch »Verteidiger des Glaubens«), andererseits durch den weit verbreiteten Einfluss des evangelikalen Protestantismus. Es ist daher nicht überraschend, wenn diese Dimension deutlich sichtbar wurde, als das Heilige Land nach dem Ersten Weltkrieg ins britische Königreich eingegliedert wurde. V. war nun sozusagen in Kontakt mit dem religiösen Unterbau der britischen Herrschaft über Palästina getreten.

Die Mission, der Herr Plotke vorstand, gehörte einer Organisation, die sich »British Jews Society« nannte, ein etwas irreführender Name, da es sich nicht um eine Vereinigung britischer Juden handelte, sondern um eine solche, die sich für die Bekehrung von Juden zum Christentum einsetzte – egal ob britisch oder nicht. Das Gebäude lag in der Hadar, dem größten jüdischen Viertel von Haifa. Im selben Haus gab es auch eine Klinik, die ein sehr kompetenter Arzt, ein gewisser Dr. Churcher, leitete. Im straßenseitigen Eingangsbereich der Mission, einer Art Kapelle, gab es Bücher über das Christentum in allen möglichen Sprachen. Manchmal wurden dort auch Gottesdienste abgehalten. Soweit ich weiß, ist aber nie einer auf Hebräisch gehalten worden. Herr Plotke predigte auf Deutsch, ebenso wie Dr. Neumann, ein anderer Missionar, der etwas später dazustieß und der eine wichtige Rolle in meinem Leben spielen sollte. Ich vermied es, zu diesen zutiefst absurden Veranstaltungen zu gehen – ein Gottesdienst auf Deutsch, eine winzige Gemeinde aus fragwürdigen Anhängern, die Türen zur Straße immer offen und draußen kleine Gruppen von Jugendlichen aus der Umgebung, die auf Hebräisch Verbalinjurien hineinriefen. Wie die Organisation aufgebaut war, weiß ich nicht. Aber zumindest auf dem Papier war eine Frau Rohold die Leiterin, die Witwe jenes Missionars, der die Organisation in Haifa auf die Beine gestellt hatte.

Frau Rohold wohnte in einer gemütlichen Villa in der so genannten »Deutschen Kolonie« am Fuße des Karmel.

Ab und zu waren wir in die Villa zum Tee eingeladen, einer Zeremonie unter der Oberhoheit der alten Dame. Die Gäste waren eine bunte Runde aus »eingeborenen« Missionsmitgliedern sowie Angehörigen der niedrigen Ränge der britischen Zivil- und Militärverwaltung. Dazu kamen noch einige arabische Mägde als dienstbare Geister. Am deutlichsten erinnere ich mich freilich an die Schwierigkeiten, in einer Hand eine Teetasse samt Untertasse und in der anderen einen Kuchenteller zu balancieren, weil es keine Tische gab. Möglicherweise hatte die Meisterschaft in dieser Disziplin für das kulturbringende Missionswerk des britischen Königreichs den gleichen Stellenwert wie die Bekehrung zum protestantischen Christentum.

Herr Plotke hielt Wort. Schon bald nach ihrem ersten Zusammentreffen erhielt V. das Angebot, Zweigstellenmanager bei Spinney's zu werden, einer britischen Firma mit Filialen in ganz Palästina. Ihr Gründer, Mr. Spinney, führte die Firma damals noch selbst. Er war Versorgungsunteroffizier in der Armee von General Allenby gewesen, die Palästina im Ersten Weltkrieg erobert hatte. Mr. Spinney entschloss sich zu bleiben und Geschäftsmann zu werden. Er war ein ziemlich derber, aber im Wesentlichen gutherziger Mann; welche Verbindung er zu dem bewussten religiösen Netzwerk hatte, weiß ich nicht. Spinney's betrieb Lebensmittelläden in den großen Städten, aber V. wurde für ein neues Unternehmen angestellt, das sich (vielleicht ironisch gemeint) Fulworth's nannte. Es sollte ein richtiges Warenhaus, nicht nur ein Lebensmittelladen werden und auch eine Abteilung für Herrenmode haben (wofür V. natürlich die besten Referenzen mitbrachte).

V. behielt diese Anstellung bis zu unserer Ausreise aus Palästina. Für die dortigen Verhältnisse war es ein guter Arbeitsplatz. Wir konnten davon leben, aber erst als ungefähr ein Jahr später Spinney's in Bat Galim zusätzlich noch ein Lebensmittelgeschäft eröffnete und auch M. dort angestellt wurde, verbesserte sich unsere finanzielle Situation wesentlich. M. arbeitete als Assistentin des Filialleiters, eines genialen russischen Juden, später leitete sie ein Postamt, das im Geschäft untergebracht war.

Klarerweise wurden sowohl Fulworth's im Stadtzentrum als auch Spinney's in Bat Galim wichtige Bezugspunkte für mich. Besonders gern holte ich V. am Ende seines Arbeitstages ab. Fulworth's lag in der Jaffa Road, im Herzen des Geschäftszentrums der Stadt. Ich fuhr mit dem Bus von Bat Galim bis zur Jaffa Road mit all ihren Kaffeehäusern, aus denen laute arabische Musik tönte, die ich gerne hörte. Als Sohn des Chefs wurde ich im Fulworth's immer gut aufgenommen und mit Freude empfangen. Es gab dort V.s Assistenten, einen angenehmen jungen Araber namens Mr. Khoury, und einige (verdächtig attraktive) junge Verkäuferinnen unterschiedlicher ethnischer Herkunft. V. schloss das Geschäft ab, dann gingen wir manchmal noch ins Zentrum einkaufen und fuhren schließlich gemeinsam mit dem Bus nach Bat Galim zurück. Manchmal ging ich an Tagen, an denen ich nicht in der Schule war, auf ein Mittagessen mit V. in einem Restaurant in der Nähe. Ich erinnere mich an diese Besuche als wären es Festbanketts gewesen.

Als die Angriffe mit Axis-Bomben auf Haifa begannen, kam V. eine besondere Aufgabe zu, die mich tief beeindruckte. Immer wenn das Entwarnungssignal ertönte, sogar wenn das mitten in der Nacht war, nahm V. ein Taxi, fuhr zu Fulworth's und überprüfte, ob dort auch alles heil geblieben war.

Unsere Lage verbesserte sich merklich durch V.s Anstellung bei Fulworth's. Endlich war Schluss mit den möblierten Zimmern, und wir konnten eine eigene Wohnung mieten. Sie befand sich in einer Straße namens Blue Coast, direkt am Meer zwischen dem Casino und der Stellung der britischen Artillerie. Die Wohnung lag im dritten Stock eines ziemlich großen Hauses und hatte einen Balkon zum Meer hinaus. Sie bestand aus einem Schlafzimmer für V. und M., einem Wohnzimmer, das gleichzeitig auch mein Zimmer war und auf die Terrasse hinausführte, einer Küche mit Essecke und einem Badezimmer – äußerst luxuriös im Vergleich zu dem, was wir zuvor bewohnt hatten. »Christlich« zu sein hatte sich also ausgezahlt. Auch, was meine Schullaufbahn betraf, wovon noch ausführlich die Rede sein wird.

Wir waren bestimmt das, was man »Reis-Christen« nennt. (Diese Bezeichnung galt in Asien für jene Menschen, die sich ihren Reis nicht selbst anbauen konnten oder wollten und sich ihre Reisrationen zum Preis einer Taufe von den Missionaren holten.) Ich war damals zehn Jahre alt.

Selbst vom Standpunkt meines wohlsituierten Lebens hier in Amerika aus auf diese Zeit zurückblickend, schäme ich mich nicht dafür. Angesichts der Lebensumstände kann ich auch V. und M. keinen Vorwurf machen. Aber es ist wichtig, darauf hinzuweisen, welch unterschiedliche Auswirkungen auf die Religiosität jedes einzelnen von uns dreien diese Zeit hatte. Ich glaube, dass V. unbeeindruckt blieb. Er war zuvor nicht areligiös, auch wenn er sich zu keinem bestimmten Glauben bekannte. Ich weiß, dass er manchmal zu einem Gott um Hilfe flehte, den man vage als »jüdisch-christlich« bezeichnen könnte. »Christ-Sein« war für V. ein Wechsel im sozialen Umfeld, was er als völlig unproblematisch erlebte. Er hat nie vorgegeben, an Dinge zu glauben, derer er sich nicht sicher sein konnte. Später, als Heranwachsender, hat mich das in meiner Phase intensiver Religiosität gestört. Einmal habe ich ihn gefragt, ob er an ein Leben nach dem Tod glaubt. Er zuckte nur mit den Achseln und sagte: »Bis jetzt ist keiner zurückgekommen und hat davon erzählt.«

M. ihrerseits entwickelte eine intensive und offene Frömmigkeit, an der sie ihr ganzes Leben festhielt. Für mich wiederum sollte das Christentum zum Mittelpunkt meines Lebens werden. Folglich bin ich nicht bereit, die profanen (wenn nicht sogar leicht fragwürdigen) Anfänge zu bedauern. Ich könnte das auch theologisch präziser ausdrücken. Aber in diesem Zusammenhang genügt es zu sagen, dass ich moralische Urteile über diese weit zurückliegenden Ereignisse für unangebracht halte.

Damals gab es aber auch Leute, die weniger tolerant waren. Als unsere christlichen Verbindungen allgemein bekannt wurden, wollten einige unserer jüdischen Bekannten nichts mehr mit uns zu tun haben. Am schmerzlichsten war der Rückzug der Jakobsons, eines deutschjüdischen Ehepaars in Bat Galim, mit dem sich V. und M. sehr angefreundet hatten; Herr Jakobson war unser Zahnarzt gewesen. Er ließ wissen, dass wir keinen Charakter hätten und forderte auch andere dazu auf, nicht mehr mit uns zu verkehren; deswegen mussten wir unter anderem unseren Zahnarzt wechseln. Unser christliches »Outing« hatte jedoch keine Auswirkungen auf zwei Familien, die V. und M.s beste Freunde geworden waren:die Marbergers, von denen schon die Rede war, und die Hochstädters, ein Ehepaar aus Wien. Die Hochstädters waren wichtig, weil sie die einzigen in unserer Bekanntschaft waren, die ein Kurzwellenradio besaßen. Manchmal besuchten wir sie in ihrer Wohnung, um Radio zu hören – auch Programme der BBC in London und des Deutschen Afrikakorps.

Wichtig für unser soziales und kulturelles Leben in Bat Galim war die örtliche Zweigstelle der Pevsner Bibliothek (benannt nach dem Pionier des Zionismus in Haifa Shmuel Pevsner). Für eine geringe monatliche Gebühr konnte man dort Bücher entlehnen. Davon habe ich intensiv Gebrauch gemacht und zuerst deutsche, später englische Bücher zu den unterschiedlichsten Themenkreisen ausgeliehen. Es gab eine bemerkenswerte Auswahl. Mehrere Jahre hindurch notierte ich mir den Titel jedes Buches, das ich gelesen habe, in einem kleinen roten Notizbuch; ich habe es später dann verloren. Gegen Ende unseres Aufenthalts in Bat Galim leitete eine junge Frau namens Rina die Bibliothek, die – ohne es zu ahnen – Objekt meiner frühen erotischen Fantasien wurde. Die Bibliothek bot aber mehr als nur Bücher. Jede Woche gab es dort ein »Konzert«. Das lief so ab: Eine kleine Gruppe versammelte sich rund um ein Grammofon, auf dem von einem Bibliotheksangestellten Platten mit klassischer Musik auflegt wurden. Das war freilich noch vor der Erfindung der Langspielplatte, sodass es häufig Pausen gab, wenn der Tonträger umgedreht werden musste. Die Anwesenden hörten aufmerksam zu.

Vielleicht sollte ich noch ein anderes kulturelles Angebot erwähnen. Einer der Buschauffeure war in Deutschland Schauspieler gewesen, und ein- oder zweimal bin ich zu Lesungen deutscher Dramen gegangen, die er in seiner Wohnung hielt. Dabei hatte er aus Goethes *Faust* vorgetragen. Ich sagte M., dass ich bis dahin gar nicht gewusst hatte, was für eine schöne Sprache das Deutsche sei. Sie erzählte dem Chauffeur/Schauspieler davon, worauf er in Tränen ausbrach. Der tat uns übrigens wegen des schamlosen Benehmens seiner Frau Leid. Sie war viel jünger als er und recht attraktiv. Da ihre Wohnung gleich neben der Spinney's-Filiale lag, konnte man von dort ohne Mühe sehen, wie der eine oder andere Liebhaber dort auftauchte, sobald der Ehemann mitsamt seinem Revolver zur Arbeit gegangen war. Dabei handelte es sich samt und sonders um britische Offiziere, die oft eine Rauchpause im Unterhemd auf dem kleinen Balkon der Wohnung machten. M. fragte sich, ob der Ehemann etwas von diesen außerplanmäßigen Aktivitäten seiner Frau wusste.

Die wichtigste »christliche« Erfahrung machte ich in den zwei Jahren an der Schweizer Missionsschule am Karmel. Dazu muss ich sagen, dass dieses Christentum sehr eigenwillig war. Die Schule wurde irgendwie von einer offensichtlich pietistischen Institution namens »Schweizer Mission bei den Juden« finanziert. Die Mission gab es schon länger, aber bis zu meinem Eintritt wurde hier noch kein Unterricht angeboten. Offenbar führte sie genauso wie ihr britisches Gegenstück am Fuß des Berges verschiedene missionarische auf deutschsprachige Juden abgezielte Tätigkeiten durch, um die sich ebenfalls eine kleine Schar von Anhängern versammelt hatte. Freilich war nichts an der Mission schweizerisch, sieht man von der ursprünglichen Finanzierung ab. Der leitende Missionar war Herr Löwenstein, ein bekehrter deutscher 60-jähriger Jude. Es gab noch zwei weitere Angestellte, Herrn Löwensteins Tochter Ruth und Schwester Else, eine Frau in den Fünfzigern. Ruth und Else konnten einander nicht leiden. Ruth hegte wahrscheinlich gar nicht zu Unrecht den Verdacht, dass sich Else ihren Vater angeln wollte. Dieses unglückliche Trio bewohnte ein schönes Haus auf dem Karmel. Von der großen Terrasse hatte man einen wunderbaren Blick über die Stadt und den Hafen von Haifa, auf die Stadtmauern von Acre auf der anderen Seite des Golfs und auf die Berge Galiläas. Bei klarem Wetter konnte man sogar den schneebedeckten Gipfel des Hermon sehen. Über dem Hauseingang hing ein Schild mit der Bezeichnung »Schweizer Judenmission«, auf dem auch die Schweizer Fahne dargestellt war. Das ärgerte einige Juden in der Nachbarschaft und sie beschwerten sich beim Schweizer Konsulat. Sie sandten der Mission eine Note, in der verlangt wurde, das Schild zu entfernen, da nach Schweizer Gesetz nur Einrichtungen der Schweizer Bundesregierung das Recht hätten, die Schweizer Fahne zu verwenden. Herr Löwenstein ließ wissen, dass er sich nicht dem Schweizer Gesetz verpflichtet fühlte, und so blieb das Schild, wie es war.

Nachdem ich mich geweigert hatte, länger in die Schule von Bat Galim zu gehen, ging ich einige Zeit überhaupt nicht zur Schule. Über das protestantische Netzwerk, mit dem wir durch Herrn Plotke in Kontakt getreten waren, lernten wir dann Herrn Löwenstein kennen. Er meinte, dass er eine Reihe von Kindern mit dem gleichen Problem kannte und deshalb eine Schule eröffnen wolle. Ich glaube nicht, dass er sich um irgendeine offizielle Anerkennung der Schule gekümmert hat, was wohl auch nicht nötig war. Während meines ersten Schuljahrs dort begannen die Bombenangriffe, und da es auf dem Karmel sicherer zu sein schien als in Bat Galim, kam ich dorthin ins Internat. Dann ebbten die Bombardements wieder ab, weil die Briten die Gebiete Vichy-Frankreichs in Syrien und im Libanon besetzt hatten, und so konnte ich nach der ersten im Internat verbrachten Klasse wieder zu Hause in Bat Galim wohnen und mit dem Bus zur Schule fahren.

Soweit ich mich erinnere, hatte meine Schule im ersten Jahr nur vier oder fünf Schüler. Es gab außer mir noch einen weiteren Internatsschüler, mit dem ich mir das Zimmer neben Schwester Elses Zimmer teilte und mit dem ich mich nicht sonderlich gut verstand. Unter den externen Schülern gab es ein deutsches Mädchen, das ich gern hatte. Die Schule (schon dieses Wort ist ein Euphemismus!) war eine wild zusammengestoppelte Angelegenheit. Für das Klassenzimmer hatte man einige Tische und eine Tafel ins Terrassenzimmer gestellt. Unterrichtssprache war Deutsch. Herr Löwenstein und Schwester Else unterrichteten Religion, Fräulein Ruth gab uns Musikunterricht; für alle anderen Gegenstände, auch Arithmetik, gab es einen zusätzlich angestellten Deutschen namens Lippmann, der ebenfalls im Missionshaus untergebracht wurde, das nun recht voll war. Trotz der eigenartigen Atmosphäre, die dort herrschte, wurde ich sehr liebevoll behandelt. Und dennoch: Es war das erste Mal, dass ich von V. und M. getrennt war, und ich hatte starkes Heimweh. Ich erinnere mich, wie ich sie einmal in Bat Galim besucht habe. Sie wohnten damals noch bei den Marbergers und es galten Verdunklungsvorschriften. Wir saßen in unserem Zimmer, die Fenster waren abgedunkelt und die einzige Beleuchtung war ein gespenstisch wirkendes blaues Licht. Wir aßen zu Abend. Ich fühlte mich in Sicherheit.

In diesem ersten Jahr an der Missionsschule war Herr Lippmann eine echte Geißel Gottes für mich, worauf ich noch zurückkommen werde. Im zweiten Jahr verschwand er und meine deutsche Mitschülerin auch; mit anderen »arischen« Deutschen wurden sie von den britischen Behörden interniert. An die anderen paar Schüler kann ich mich nicht mehr erinnern. Der Ersatz für Herrn Lippmann war eine athletisch wirkende junge Frau, Fräulein Edith, eine konvertierte deutsche Jüdin, die davor an einer Kibbuz-Schule unterrichtet hatte. Ob sie irgendwelche Qualifikationen für den Lehrberuf hatte, kann ich nicht sagen, aber sie war leichter auszuhalten als ihr Vorgänger. Auch sie war im Missionshaus untergebracht. Ich konnte zu meiner Freude wieder zu Hause wohnen. Um in die Schule zu kommen, musste ich zwei verschiedene Busse nehmen, zuerst einen von Bat Galim zum Jüdischen Zentrum und von dort einen anderen, der mich auf den Karmel brachte. Ich mochte diese Busfahrten sehr.

Herr Lippmann war aus Jerusalem; was er dort getan und wie Herr Löwenstein ihn gefunden hatte, entzieht sich meiner Kenntnis. Er war in den Dreißigern, hatte einen schwarzen Vollbart und stechende Augen – er sah aus wie Rasputin. Das Erste, was er zu mir sagte, war, dass er einem Menschen nur in die Augen zu schauen brauchte und darin alle seine Krankheiten erkennen konnte; er sah mir in die Augen, und ich begann, mir Sorgen zu machen, welch schreckliche Krankheit er da finden würde. Aber er sagte gar nichts. Später erzählte er mir immer wieder, dass Hitler der Antichrist sei und dass schon bald die letzte Schlacht vor dem Ende der Welt geschlagen würde – und zwar würde sie buchstäblich nebenan stattfinden: Von der Terrasse aus zeigte er mir die Ebene Emek, wo die entscheidende Schlacht stattfinden würde. Gespickt mit bluttriefenden Details schilderte Herr Lippmann, was da in nächster Zukunft zu erwarten sei. Auch sagte er mir, dass böse Geister um das Missionsgebäude kreisten, und zwar besonders des Nachts, dass er aber wüsste, wie man sie austreiben konnte. Kurz, er versetzte mich in Angst und Schrecken. Den Höhepunkt erreichte dieser Lehrplan des Horrors, als er mich einmal auf einen Spaziergang mitnahm. Dabei sagte er, er müsste mich vor einer sehr realen Gefahr warnen: Ich durfte nämlich ja nicht in einer schwachen Stunde dem Teufel meine Seele verschreiben, weil ich sonst für immer verloren wäre. Natürlich würde der Teufel selbst Ursache dieser Schwäche sein, aber das würde mir nichts nützen, denn die Unterschrift unter dem Seelenverkauf würde trotzdem gelten. Nach dieser Unterredung ging ich zu Herrn Löwenstein und informierte ihn, was mir Herr Lippmann so alles erzählte. Herr Löwenstein wurde sehr zornig. Er beruhigte mich, dass die Sache mit dem Verkauf meiner Seele an den Teufel lächerlich sei: Es gibt nur eine Person, die dann über einen solchen Pakt entscheiden könne, und das sei Gott. Und Gott würde nur einen einzigen kurzen Blick auf das Dokument werfen und es dann wegwerfen. Die anderen Horrorgeschichten von Herrn Lippmann entkräftete er damit, dass Gott ein Gott der Liebe sei, dass er in Gestalt Jesu gekommen sei, um die Welt zu erlösen, und daran müsse man nur fest glauben. Ich war ungeheuer erleichtert: Herrn Löwensteins gütiger

Pietismus erschien mir viel plausibler als Herrn Lippmanns abgründige Apokalyptik. Herr Löwenstein nahm sich Herrn Lippmann dann offensichtlich vor, denn er hörte auf, mich mit seiner düsteren Weltsicht zu indoktrinieren. Ich hörte aber nie auf, mich vor ihm zu fürchten und war sehr erleichtert, als er aus der Schule verschwand.

Die Bombardements begannen Mitte 1940, nachdem Italien an der Seite Deutschlands in den Krieg eingetreten war. Das erste Mal wurden Bomben geworfen, als ich gerade vor unserem Wohnhaus aufs Meer hinausschwamm. Man hörte das dumpfe Dröhnen des schweren Flugzeugs, dann das grollende Geräusch, als die Bombe einschlug und dann stieg eine riesige Rauchwolke auf. Britische Flugabwehrgeschütze, auch diejenigen, die an unserem Strand aufgestellt waren, traten ohne viel Wirkung in Aktion. Später haben wir erfahren, dass die Ölraffinerien am Golf von Haifa in Brand gesetzt worden waren. Es kam zu einer Panik am Strand: Die Menschen beeilten sich, aus dem Wasser zu kommen, und versuchten herauszufinden, was geschehen war. Die Raffinerien standen einige Tage lang in Flammen. Der Feuerschein erhellte den Nachthimmel so stark, dass man in diesem gespenstischen Licht die Zeitung lesen konnte. Die Angriffe bei Tag dauerten einige Monate. Sie waren auf alle Einrichtungen der Ölförderung und -verarbeitung gerichtet, auf den Hafen, die Bahn – und so gab es, so viel ich weiß, kaum Bombenopfer zu beklagen. Man hörte, dass die angreifenden Flugzeuge italienische waren und aus Rhodos anflogen – vielleicht gesteuert von denselben *Ala Littoria*-Piloten, die uns nach Haifa gebracht hatten und die Route so genau kannten. Die Behörden ergriffen die üblichen Luftabwehr-Maßnahmen – verschiedene Sirenen, die Alarm und Entwarnung signalisierten, Instruktionen, wohin man während der Angriffe zu gehen hatte. Eine Person in unserem Wohnhaus wurde zum Luftschutzwart ernannt und ging von da an nur mehr mit einem Stahlhelm (einem flachen, wie ihn die Briten trugen) und mit einer Armschleife herum. Noch gab es aber keine Luftschutzkeller; die Menschen hatten deshalb die Anweisung, sich im Erdgeschoss der Häuser aufzuhalten.

Nach der Kapitulation Frankreichs gab es verstärkte Bombardements. Die französischen Behörden in Syrien und im Libanon waren vichytreu und erteilten der deutschen Luftwaffe Landeerlaubnis auf ihren Gebieten. Jetzt waren die angreifenden Flugzeuge nicht mehr italienische, sondern deutsche. Jede Offensive dauerte nur mehr zehn Minuten, dafür wurde öfter und Tag und Nacht geflogen. Von da an waren die Ziele gestreut und auch Wohngegenden wurden – ob beabsichtigt oder nicht – bombardiert. Hinter unserem Haus baute man einen Luftschutzbunker aus Beton, aber das dauerte sehr lange. Unterdessen flüchteten wir uns in eine Wohnung im Erdgeschoss, wo wir oft stundenlang ausharrten und ängstlich abwechselnd den Geräuschen der Flugzeuge, der Bomben und der Flugabwehr lauschten. Den schlimmsten Vorfall erlebte ich einmal, als ich V. im Geschäft besuchte. Wir hatten gerade zu Mittag gegessen und wollten in der Nähe etwas besorgen, als ohne jede Vorwarnung Bomben neben uns einschlugen (später erfuhren wir, dass der Hafen getroffen worden war). Wir rannten zum nächstgelegenen Gebäude und suchten Schutz im Eingangsbereich. Der Lärm der explodierenden Bomben war ohrenbetäubend. V. blieb ganz ruhig, er sagte mir, dass wir in Sicherheit wären (was wir aber eindeutig nicht waren). Eine alte Araberin kam über die Stiegen herunter auf uns zu. Auf jeder Stufe blieb sie stehen und schrie laut. Ich weiß nicht, wie lange der Angriff gedauert hat. Als endlich Entwarnung gegeben wurde, gingen wir zu Fulworth's zurück, wo alles heil geblieben war. Mr. Khoury umarmte mich erleichtert.

Ich weiß nicht, welchen Schaden die Luftangriffe angerichtet haben. Aber ich habe den Eindruck, dass die britische Verteidigung sehr schwach war. Die Luftabwehrgeschütze haben meines Wissens keinen einzigen Bomber abgeschossen und zu Luftgefechten mit dem Feind ist es nie gekommen. Das alles war erst vorüber, als die Briten in die französischen Gebiete im Norden einmarschierten, und die deutsche Luftwaffe damit ihre Flugbasen verlor.

Ich kann den Zeitpunkt nicht festlegen, aber eines Tages wurde entschieden, dass auch der Karmel nicht mehr sicher genug war. Herr Löwenstein hatte einen Neffen (vom Christentum nicht kontaminiert, wie es schien), der einen Bauernhof in Pardess Chanah, einem jüdischen Dort an der Küste südlich von Haifa, hatte. Für einige Wochen wurde ich dort hingeschickt. Ich wohnte bei diesem Neffen, seiner Frau und einem sehr ungezogenen kleinen Mädchen, das immer auf Hebräisch über mich spottete. Die jungen Löwensteins waren sehr nett zu mir, aber ich langweilte mich und hatte Heimweh. Ich konnte mit V. und M. nur über Postkarten in Verbindung treten (einige davon habe ich noch). Und ich konnte von Ferne das dumpfe Grollen hören, wenn Haifa bombardiert wurde, und das machte mir natürlich angst. Einmal gelang es mir, Fulworth's von der örtlichen Post aus anzurufen. Ich fühlte mich sehr erleichtert, als ich V.s Stimme hörte (natürlich hatten weder V. und M. noch die jungen Löwensteins damals ein Telefon). Während dieses Aufenthalts hatte ich auch ein schönes Erlebnis. Der junge Herr Löwenstein schlug vor, eine längere Wanderung in eine benachbarte jüdische Siedlung zu unternehmen; sie lag einige Stunden entfernt. Es war ein heißer Tag und wir beschlossen, Rast zu machen. Neben der Straße wuchsen Wassermelonen und wir nahmen uns eine. Ich fragte, ob man das denn dürfe. Ja, sagte der junge Herr Löwenstein, es sei üblich, dass Wanderer sich so viele Früchte nehmen könnten, wie sie zur Erfrischung brauchten; dafür gab es offensichtlich eine biblische Befugnis. Wir legten uns unter einen schattigen Baum und aßen unsere Wassermelone. Ich war entspannt und eine angenehme Kühle stieg in mir auf.

Es gibt noch eine weitere Kriegserinnerung, die berichtenswert ist. Die folgende Begebenheit illustriert den Gesinnungswirrwarr, in dem ich mich damals befand. Neben der Schweizer Mission am Karmel lag eine Institution der

Deutschen Diakonissen. Ich glaube, es war eine Art Pflegeheim. Zwischen den beiden christlichen Vorposten gab es einen regen Austausch. Besonders mochte ich eine ältere Diakonisse, die sich auch für mich interessierte. Nach Ausbruch des Krieges schlossen die Behörden die Einrichtung der Diakonissen. Einigen wurde gestattet, nach Deutschland zurückzukehren, andere wurden interniert. Die Internierungen möchte ich als human und praktisch zugleich bezeichnen: Schon seit Jahren hatte es einige deutsche, von Pietisten gegründete landwirtschaftliche Siedlungen in Palästina gegeben. Wahrscheinlich wollten sie auf die Wiederkehr Christi genau dort warten, wo sie stattfinden sollte – im Heiligen Land. Die britischen Behörden zäunten diese Siedlungen einfach mit Stacheldraht ein und siedelten mehr Menschen darin an. Eine dieser Siedlungen trug den Namen »Waldheim« und war nicht weit vom Karmel entfernt. Herr Löwenstein meinte, wir sollten einmal hinfahren. Fräulein Ruth begleitete uns. Es war eine recht umständliche Busreise. Sowohl die bejahrte Diakonisse als auch die Eltern meiner deutschen Mitschülerin waren in »Waldheim« interniert. Meiner Erinnerung nach hatten wir keine Probleme, eingelassen zu werden (ich glaube unsere Schweizer Kennmarken halfen da mit), und alle freuten sich sehr über unseren Besuch. Wir brachten Geschenke mit und hielten eine kleine Andacht. Nicht einen Augenblick lang ist mir auch nur in den Sinn gekommen, dass diese Menschen Feinde sein könnten. Soviel ich weiß, sind die meisten überzeugten Nazis vor dem Ausbruch des

Krieges nach Deutschland zurückgegangen; die Leute in »Waldheim« waren also entweder Anti-Nazis oder einfach apolitisch (auf Jesu Wiederkehr zu warten überstrahlt jedwede Tagespolitik). In das Haus der Diakonissen zogen britische Offiziere ein. Besonders einer dieser neuen Bewohner hat mich sehr beeindruckt: Einmal am Tag trat er im Kilt auf den Balkon und spielte Dudelsack.

Ich möchte nun versuchen, die religiöse Praxis zu beschreiben, die mir in der Schule am Karmel beigebracht wurde. Es war die erste Erfahrung dieser Art, die ich in meinem Leben machte, und sie hat mich dementsprechend stark beeindruckt. Es wäre falsch, von einer »Bekehrung« zu sprechen. Mit einer Entscheidung oder einem Willensakt hatte all das nichts zu tun. Ich wurde einfach hineingezogen in ein festgefügtes Universum aus frommen Taten und Regeln, eine Welt, die mich mit offenen Armen aufnahm. Theologisch gesehen war es keine anspruchsvolle Vorgabe, alles war immer noch so wie vor langer Zeit im deutschen protestantischen Pietismus. Die Sprache war natürlich Deutsch, die Kirchenlieder lutherisch, die Bibel in der klassischen Übersetzung von Martin Luther. Auch wenn die Leute vom Karmel keine orthodoxen Lutheraner waren, vermittelten sie eine Religiosität lutherischer Färbung, und das dürfte mich nachhaltig beeinflusst haben.

Müsste ich diese religiöse Welt mit einem einzigen Adjektiv beschreiben, würde ich sie als gütig bezeichnen. Diese Eigenschaft trat ganz deutlich hervor, als Herr Löwenstein die schauerliche religiöse Auffassung des – nennen wir es – »Lippmannismus« zurückwies. In Löwensteins Glauben war Gott immer nahe, an seiner liebevollen Gegenwart konnte man durch Gebet, Verehrung und Bibellesungen teilhaben. Gottes Liebe hatte ihren höchsten Ausdruck im Erlösungswerk Jesu Christi entfaltet, das im Einzelnen sehr orthodox aufgefasst wurde. Auch wenn ich heute aus dem Blickwinkel eines (hoffentlich) differenzierten Verständnisses des Christentums auf meine ersten Erfahrungen zurückblicke, gibt es wenig bis nichts, was ich ablehnen würde. Ich kann das sehr einfach erklären: Am Karmel habe ich erstmals die Verkündigung des Evangeliums gehört (*Kerygma*) und es war dasselbe Evangelium, dem ich seither in der einen oder anderen Weise immer wieder begegnet bin. Noch mehr: Diese religiöse Botschaft wurde von einer kleinen Gemeinde vermittelt, die, um es milde zu sagen, soziologisch bizarr, aber entgegenkommend und liebevoll war. Ich habe allen Grund, dafür dankbar zu sein.

Es gibt zwei Begebenheiten aus meinen beiden Jahren am Karmel, die das eben Gesagte veranschaulichen. Als ich noch Internatsschüler war, hatte ich eine akute Blinddarmentzündung. Dr. Churcher (er machte Hausbesuche!) stellte fest, dass ich kurz vor einem Blinddarmdurchbruch stand und sofort operiert werden musste. Ich wurde mit heulenden Sirenen in einem Rettungswagen den Berg hinunter ins Hassadah Spital gebracht, also in die jüdische Zentralklinik, mit der Dr. Churcher offensichtlich zusammenarbeitete. Ich hatte große Angst. Fräulein Ruth fuhr mit. Ich begann eines der Kirchenlieder zu singen, die ich gelernt hatte, ein klassisches deutsches Kirchenlied *Harre, meine Seele, harre des Herrn*. Fräulein Ruth hatte feuchte Augen, sie nahm meine Hand und stimmte ein. Nach der Operation musste ich noch einige Tage im Spital bleiben. Dort sprach man mit mir nur Hebräisch, was die Konversation doch etwas schwierig gestaltete (ich konnte nur wenig Hebräisch), aber alle waren sehr nett zu mir. Eine der Krankenschwestern – sie wurde nur als Schwester (*achot*) angesprochen – mochte ich besonders gern, weil sie ein bisschen Deutsch konnte. Danach hatte ich das Gefühl, dass die positiven Erlebnisse meines Krankenhausaufenthalts meinen Glauben gestärkt hatten. Und als ich dann auf den Karmel zurückkehrte, hatte ich das, was man vermutlich eine pietistische Erfahrung nennt: Ich hatte das dringende Gefühl, dass ich ins Krankenhaus gehen sollte, um eine Mission zu erfüllen, über deren Natur ich mir alles andere als klar war. Ich erzählte Herrn Löwenstein davon, der aber skeptisch blieb. Er sagte, dass er nicht wüsste, was ich dort tun könnte, aber vielleicht sollte ich wenigstens einige seiner missionarischen Traktate verteilen. Nein, sagte ich, nein, das war es nicht. Jedenfalls bin ich ins Spital gefahren – unbeschwert, da nicht beladen mit missionarischen Traktaten. Meine Lieblingsschwester war überrascht mich zu sehen. Ich erklärte ihr, dass ich nur hereingeschaut hätte, um sie zu sehen und mich zu bedanken und ging mit einem sehr guten Gefühl nach Hause.

Es muss in meinem zweiten Schuljahr gewesen sein, als

ich zu Ostern an einer Gruppenreise nach Jerusalem teilnahm. Die Gruppe setzte sich aus Angehörigen verschiedener missionarischer Einrichtungen in Nordpalästina zusammen. Ich kann mich dunkel an eine Organisation »Hebräischer Christen« erinnern, die diese Reise organisiert hatte. Wir fuhren mit einem gemieteten Bus. Ich saß neben Herrn Löwenstein (der wohl als einziger aus der Schule mitkam). Wir fuhren die Küste entlang. Als die ersten Häuser von Jerusalem zu sehen waren, stimmten einige Mitfahrende das berühmte deutsche Kirchenlied *Jerusalem, du hochgebaute Stadt* an. Wir bezogen Quartier in einem Missionshaus und machten verschiedene Besichtigungstouren durch die Altstadt. Am Ostermontag gingen Herr Löwenstein und ich ganz allein die Via Dolorosa entlang. Pilgergruppen waren ebenfalls unterwegs. Viele Kirchenglocken läuteten. Die Luft war kühl und angenehm. Ich hatte das intensive Gefühl, die Auferstehung körperlich zu spüren (und wieder ist an dieser Erfahrung nichts, was ich in der Rückschau zurücknehmen würde). Aus irgendeinem Grund hielten wir an einem katholischen Kloster in der Altstadt an. Dort erzählte Herr Löwenstein einer Nonne, dass ich ein guter kleiner Christ sei. Sie gab mir ein Andenken – eine billige kleine Nachbildung des Kreuzes von Jerusalem (irgendwo habe ich sie noch) – und sagte, dass ich nie vergessen soll, dass ich zu Ostern in Jerusalem gewesen bin. Ich habe es nicht vergessen.

Wie schon gesagt, reagierten V. und M. sehr unterschiedlich auf das religiöse Umfeld, in dem ich vollständig aufging. V. war dankbar für die Hilfe, die die Missionsgemeinde uns hatte angedeihen lassen, aber nur mit Vorbehalten nahm er an ihren religiösen Aktivitäten teil. Ich erinnere mich, dass er bei einigen Anlässen gebeten wurde, das Harmonium zu spielen, das bei den gelegentlichen Gottesdiensten im Saal der Karmel-Mission für die musikalische Untermalung sorgte. V. war nicht gerade ein geübter Klavierspieler und mit dem Harmonium kam er kaum zurecht, weshalb ihm diese Anlässe sehr peinlich waren. Ich kann die Chronologie nicht mehr rekonstruieren, aber langsam betrat auch M. die religiöse Welt, die sich uns anbot, wodurch ich mich ihr noch näher fühlte.

Während meines zweiten Schuljahres auf dem Karmel kamen Fritz und Edith Neumann nach Haifa. (Sie haben mir erst viel später angeboten, sie bei ihren Vornamen zu nennen; damals waren sie noch Doktor Neumann und Frau Neumann für mich; aber ich bleibe der Einfachheit halber bei den Vornamen). Ich war sofort von ihrem mitreißend gelebten Christentum beeindruckt. Die Neumanns hatten beide jüdische Wurzeln und kamen aus Wien. Fritz hatte ein Philosophiedoktorat an der Universität Wien erworben, durchlebte dann eine meinem Verständnis nach wegweisende Bekehrung zum Christentum – offenbar hatte er sich zutiefst Kierkegaards Gedankengut angeeignet (der für ihn immer der wichtigste Philosoph blieb). Im Selbststudium erwarb er umfassende Kenntnisse der Bibelwissenschaft (inklusive alttestamentarisches Hebräisch sowie neutestamentarisches Griechisch) und der Theologie – von den

Kirchenvätern abwärts. Er entschloss sich, auf eine akademische Karriere zu verzichten, und sah sich dazu berufen, die Juden zu missionieren, Edith nahm an diesem Projekt mit großem Enthusiasmus teil. Die beiden hatten keine Kinder. Fritz arbeitete zuerst in Wien und dann in Jugoslawien für eine schwedische Missionsgesellschaft, die sich der Evangelisierung der Juden verschrieben hatte. Dann gingen die Neumanns nach England, wo er sich entschloss Pfarrer zu werden. Er wurde freikirchlicher evangelischer Pastor (was ich viel später als besonders ungeeignet erachtete). Dann wurde er von derselben britisch-jüdischen Gesellschaft nach Palästina geschickt, die auch Herrn Plotkes Institution betrieb. Die Neumanns bekamen eine große Wohnung in der Nähe von Frau Roholds Haus über einem Wadi gelegen mit einer wunderbaren Aussicht von der Terrasse aus. Irgendwie war es ihnen auch gelungen, ihre Bibliothek nach Haifa zu übersiedeln, und so war ihre Wohnung voller Bücher – Philosophie, Theologie, Literatur. Mir ist bis heute nicht ganz klar, welche Aufgaben Fritz hätte übernehmen sollen. Manchmal hielt er in seiner Wohnung Bibelstunden, die nur sehr spärlich besucht waren. Zeitweise predigte er auch in der Missionskapelle. Ihm war, so glaube ich, die Absurdität dieser Veranstaltungen völlig bewusst, aber genau das bestärkte ihn in seinem Selbstverständnis als Kierkegaard'scher »Ritter des Glaubens« (was man als protestantische Version einer viel älteren christlichen Figur bezeichnen könnte, des »Narren in Christo«). Ich kann mich noch sehr lebhaft daran erinnern, wie ich

Fritz das erste Mal in dieser Umgebung predigen hörte. Da stand er also, predigte auf Deutsch, vor sich eine Handvoll Missionsangehörige, und vor der offenen Tür versammelten sich wie gewöhnlich johlende Jugendliche. Er predigte über jene Stelle des Evangeliums, in der Pontius Pilatus von der Menge aufgefordert wird Jesus zu kreuzigen. Fritz wiederholte die Rufe der Menge – »Kreuzige ihn! Kreuzige ihn!« Er sprach sehr laut, der Schweiß strömte ihm über das Gesicht. Herr Plotke, der in der ersten Reihe saß, unterbrach ihn mit einem beschwichtigenden »na, na«, was Fritz erbitterte. Die beiden Männer sind nie gut miteinander ausgekommen.

Mit der Zeit sah Herr Löwenstein ein, dass seine handgestrickte Schule an die Grenzen ihrer Effizienz für uns kleine Schülertruppe gestoßen war. Ich war damals ungefähr zwölf. Also ließ sich Herr Löwenstein einen Termin beim Direktor der »Bet Sefer Reali« geben, damals die jüdische Eliteschule in Haifa. Er nahm mich mit. Die Unterhaltung wurde auf Deutsch geführt. Herr Löwenstein erklärte, dass er eine kleine, aus Schweizer Geldern finanzierte Schule leitete, die aber den Bedürfnissen der älteren Schüler nicht mehr gerecht werden konnte. Deshalb suchte er für mich und zwei andere Jungen nach weiterführenden Ausbildungsmöglichkeiten. Der Direktor war zunächst sehr entgegenkommend (wieder scheint die Schweizer Legitimation ihre Wirkung getan zu haben). Doch dann sagte Herr Löwenstein, dass er den Direktor noch über etwas in Kenntnis setzen musste, dass nämlich diese Kinder »Hebräische Christen« waren. Der Mann machte ein langes Gesicht. Das würde die Lage verändern, sagte er: »Diese Kinder wären ja ein zersetzendes Element!« Das machte Herrn Löwenstein sehr wütend. Er sagte, dass der Direktor sich der Nazidiktion befleißigte, dass er nie erwartet hätte, solche Ausdrücke von einem jüdischen Erzieher in Palästina zu hören, und dass er, Löwenstein, sich wohl besser nach einer anderen Lösung für das Problem seiner Kinder umsehen würde müssen.

Das taten wir. Wieder funktionierte das missionarische Netzwerk perfekt. Ich weiß nicht, wie es den anderen erging, aber die Lösung, die für mich gefunden wurde, stellte sich als ideal heraus. Ich wurde in der St. Lukas-Schule in Haifa aufgenommen, einer der wenigen Bildungsstätten, die in Palästina unter der Oberhoheit des anglikanischen Bischofs in Jerusalem geführt wurden. Dort schloss ich die Mittelschule ab, kurz bevor wir Palästina wieder verließen. Und dadurch kam ich in eine völlig veränderte soziale Lage. Sie war immer noch die eines Außenseiters in vielerlei Hinsicht, aber verglichen mit der Welt am Karmel, war es (wenn man so sagen kann) ein etwas normaleres Außenseitertum.

Würde ich den gesellschaftlichen Status der drei Bergers in diesen Jahren mit einem einzigen Wort beschreiben wollen, dann würde ich wohl am besten »Außenseiter« wählen. Wir lebten natürlich außerhalb von Europa, und das war uns sehr bewusst. Wir waren Teil der bunt zusammengewürfelten Schar von Flüchtlingen, die am Rande

Asiens gelandet war. Einige von ihnen haben sicherlich ihren Weg ins zionistische Selbstverständnis der *Yishuv* gemacht, also der »freien organisierten Gemeinschaft der jüdischen Einwanderer/Einwohner in Palästina«. Viele von ihnen waren aber wie wir nicht aus zionistischen Motiven nach Palästina gekommen und blieben daher außerhalb jenes Personenkreises, der sich der Verwirklichung des Judenstaates verschrieben hatte. Die meisten dieser Außenseiter lernten wenig bis gar kein Hebräisch. Ich erinnere mich an eine Begebenheit, die M. mir erzählte, weil sie ihr sehr nahe ging. In das Postamt in der Spinney's-Filiale in Bat Galim, das M. leitete, gab es auch die Möglichkeit zu telefonieren. Ein älterer Mann kam herein und bat um einen Apparat. M. hörte, wie er auf Deutsch in den Hörer sagte: »Hier spricht Manfred Kohn aus Berlin. Ich bin jetzt in …« Er unterbrach sich und wandte sich an M.: »Sagen Sie, wo bin ich jetzt?« Ja, wo denn eigentlich?

Aber schließlich waren auch wir als Christen keinesfalls Teil der Gemeinschaft der Flüchtlinge, die sich als Juden, wenn schon nicht als Zionisten verstanden. Mit Sicherheit konnte sich V. und zu einem hohen Grad auch M. nicht mit der kleinen Gruppe identifizieren, die sich »Hebräische Christen« nannte.

Was mich betrifft, so gehörte ich durch die religiöse Bildung, die mir in der Schule am Karmel zuteil geworden war, zu dem, was Benedict Anderson später als »erfundene Nation« bezeichnen wird – eine kleine Gemeinschaft mit nur vage definierten Grenzen, über der ein wohlmeinender, Deutsch sprechender Jesus waltete. Was Wunder, dass das ein sozial zerbrechliches Gebilde war.

Eines Abends ging ich zufällig an einem abgeernteten Feld in der Nähe des größten Armeelagers in Bat Galim vorbei. Eine Gruppe jüdischer Jugendlicher hatte sich dort zu irgendeinem Fest versammelt. Sie hatten ein großes Lagerfeuer gemacht und tanzten den »Hora«, einen Rundtanz, darum herum. Dabei sangen sie aus voller Kehle zionistische Lieder. Ich blieb stehen und schaute ihnen eine Weile zu. Ich wäre gern einer von ihnen gewesen.

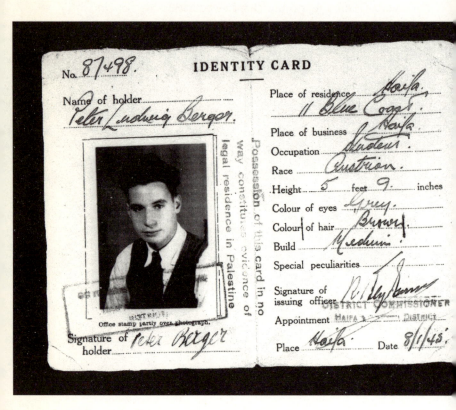

»›Sind Sie Österreicher?‹ Mit fester Stimme antwortete ich: ›Ja!‹«

Identitätskarten

Bisher bin ich mit meiner Geschichte mehr oder weniger dem Ablauf der Ereignisse gefolgt. Auf den nächsten Seiten werde ich zwar von den fünf Jahren berichten, die vor unserer Abreise aus Palästina lagen, die Chronologie aber außer Acht lassen. Statt einfach die Reihenfolge der Ereignisse zu berücksichtigen, scheint es mir sinnvoller, nacheinander von meinen wichtigsten Prägungen zu erzählen.

Eine Schule am Meer

Wie schon erwähnt, war die St.-Lukas-Schule eine der wenigen Bildungseinrichtungen, die unter der Ägide des anglikanischen Bischofs von Jerusalem standen. Es war eine reine Bubenschule, wo man versuchte, dem Alltag und dem Ethos der englischen Privatschulen so gut wie möglich nachzukommen. Es gab eine weitere solche Schule in Haifa, die Englische Mittelschule für Mädchen, die aber weit entfernt war und keinerlei Beziehungen mit St. Lukas unterhielt. Unsere Schule, ein großes Gebäude, lag auf einer dem Karmel vorgelagerten Anhöhe, von der aus man die Küstenstraße und das Meer überblickte.

Es wäre der Mühe wert, würde sich ein Historiker diese Lehranstalten genauer anschauen und auch, was aus ihren Schülern geworden ist. Soweit ich weiß, waren sie die einzigen Schulen im Land, wo Kinder aus aller Herren Länder

(Briten, Armenier und viele andere), aber vor allem arabische und jüdische Kinder gemeinsam unterrichtet wurden. In diesen Schulen wurde jedwede Evangelisierung penibel vermieden. Für die Schüler gab es keinerlei verpflichtende Gottesdienste. Die meisten arabischen Schüler waren Christen und mit anderen christlichen Schülern hatten sie das Fach »Religionskunde«, in dem hauptsächlich die Bibel studiert wurde. Die wenigen arabischen Muslime waren vom Religionsunterricht befreit, mussten aber Arabisch lernen. Die jüdischen Schüler wiederum hatten einen eigenen Lehrer für Hebräisch und Tanach (»Torah, Propheten und Schriften«), also den klassischen jüdischen Religionsunterricht. Alle Lehrer bemühten sich sehr, uns den gegenseitigen Respekt gegenüber den verschiedenen religiösen und ethnischen Gruppierungen beizubringen, und so kann ich mich nur an sehr wenige Vorfälle offen ausgetragener Feindseligkeiten erinnern. Freundschaften wurden über die Gräben hinweg geschlossen. Alle gängigen Schulfächer wurden auf Englisch unterrichtet. Die wenigen von uns, die weder Arabisch noch Hebräisch lernten, mussten am Lateinunterricht teilnehmen. Ich hatte wenigstens Grundkenntnisse in Englisch, als wir in Palästina ankamen. V., der immer anglophil gewesen war, hatte es mir beigebracht und auch an der Schweizer Schule hatte es Englischunterricht gegeben. Ich beherrschte Englisch sehr schnell; aus irgendeinem Grund empfand ich eine besondere Affinität zu dieser Sprache (ich könnte es auch den Beginn einer Liebesbeziehung nennen, die bis heute währt). St. Lukas hatte ungefähr 100 bis 150 Schüler – mehr als 45 Prozent waren Araber, 45 Prozent Juden, und die restlichen zehn Prozent fielen auf alle anderen. Rund die Hälfte waren Internatsschüler; die anderen – darunter auch ich – benutzten die Schulbusse, die an bestimmten Haltestellen zwischen dem Zentrum Haifas und der Schule hielten. Alle britischen Lehrer wohnten ebenfalls in der Schule, während die nicht-britischen nur zum Unterricht hinkamen. Das Schulgeld war sehr niedrig und entfiel für Familien, die sich selbst diese kleine Summe nicht leisten konnten.

Es fällt mir auf, dass ich nachgerade eine Idylle beschreibe. Es könnte natürlich sein, dass mein Gedächtnis die weniger schönen Seiten unterdrückt hat, ganz einfach deshalb, weil ich in dieser Schule glücklich war. Wie dem auch sei, ich bin überzeugt, dass St. Lukas einen bedeutenden Beitrag zur multi-religiösen und multi-ethnischen Erziehungsarbeit geleistet hat, was umso bemerkenswerter ist, als sie es in einem Land tat, in dem oft mörderische Feindschaften zwischen unterschiedlichen Gruppen hochkochten. Ich nehme an, dass die anglikanischen Behörden ihre integrativen Bildungsstätten als zivilisatorischen Beitrag ihrer Mission in Palästina sahen. Ich glaube, die Schulen wurden geschlossen, als das Mandat 1948 endete, zumindest in jenen Landesteilen, die von da an zum Staat Israel gehörten. Ich weiß allerdings, dass St. Lukas nicht mehr besteht.

Der Gründer von St. Lukas war ein Mr. Semple, der bei meinem Schuleintritt immer noch dort Direktor war. Er war ein sehr großgewachsener Mathematiklehrer in seinen Sechzigern, der allerdings kaum noch selbst unterrichtete. Wir hatten ziemlich große Angst vor ihm. Wenn man aus disziplinären Gründen zu ihm geschickt wurde, bekam man meist mit einem Lederriemen Schläge auf die ausgestreckten Hände – so wie es die beste englische Privatschultradition vorsieht (mir ist das nie passiert). Mr. Semple hatte eine eigenartige Obsession: Er wurde zornig, wenn ein Schüler die Sieben mit einem Mittelstrich oder die Eins mit einem Aufstrich schrieb; wahrscheinlich sah er diese Schreibart als degeneriert »continental« an. Er und seine Frau (die ich, glaube ich, nie gesehen habe) wohnten in einem kleinen Haus am Ende des Schulgeländes. Als Mr. Semple in Pension ging, folgte ihm Mr. Hooper, der Kaplan bei der Royal Air Force gewesen war und an seinem ersten Tag in der Schule in Uniform erschien. Trotz seiner militärischen Vergangenheit war er bei weitem weniger einschüchternd als sein Vorgänger. Er und seine Frau luden die älteren Schüler sogar zum Tee nach Hause ein.

Drei britische Lehrer haben mich in meiner Schulzeit in St. Lukas sehr stark beeinflusst – Mr. Baly, Mr. King und Miss Robinson. Alle drei waren unverheiratet; die beiden Männer, erst Ende Zwanzig, waren offensichtlich vom Militärdienst befreit, weil ihre Lehrtätigkeit als wichtiger angesehen wurde. Mr. Baly – von französischer Herkunft und sehr bedacht auf die ungewöhnliche Schreibweise seines Namens – unterrichtete Geografie und »Religionskunde«. Sein wichtigstes Projekt war ein Werk über die Geografie der Bibel, das er viele Jahre später auch abschließen konnte. Auch er hatte eine eigenartige Macke: Er wurde sehr ärgerlich, wenn ein Schüler »oben« und »unten« statt »Nord« und »Süd« sagte. Dann mussten wir uns immer einen nicht enden wollenden Vortrag über die Willkür von Landkarten anhören. Ich kann nicht sagen, dass von seinen Unterweisungen viel hängen geblieben ist, aber ich schätzte Mr. Baly, weil er freundlich war und sich für seine Schüler sehr einsetzte. Nach dem Krieg heiratete er eine Amerikanerin und unterrichtete einige Jahre am Kenyon College in Ohio, wo er auch starb.

Von den dreien aber hatte Mr. King den größten Einfluss auf mich, und von ihm habe ich auch am meisten gelernt. Seine Fächer waren Geschichte und Latein. Er war ein außerordentlich anregender Lehrer, und ich verdanke ihm eine lebenslange Liebe zur Geschichte. Er brachte uns nicht nur die Geschichte Europas und Großbritanniens bei, sondern auch die des antiken Nahen Ostens und der muslimischen Reiche. Für mich war das lange Duell zwischen Disraeli und Gladstone genauso faszinierend wie Aufstieg und Fall der Abbasiden oder der Ottomanischen Kalifen. Er wurde nicht müde, uns Bücher zu empfehlen, und so las ich so Unterschiedliches wie eine Oliver-Cromwell-Biografie und Philip Hittis Geschichte der Araber. Von Mr. King bekamen wir auch eine sehr nützliche Anregung: Er riet uns, in seinem Unterricht auf den linken Seiten unserer Hefte mitzuschreiben, und die ursprünglich leer gelassenen rechten Seiten für Notizen aus Büchern zu demselben

Thema zu benützen. Meine rechten Seiten waren so schnell vollgeschrieben, dass ich zusätzliche Notizbücher anlegte. In Latein war ich Mr. Kings einziger Schüler. Dabei entwickelten sich oft Gespräche zu ganz anderen Themen. Er war ein tiefgläubiger Anglo-Katholik oder Tractarianer, Mr. Baly dagegen eher ein liberaler Anglikaner, und versuchte mir zu vermitteln, worum es dabei ging. Diese christliche Lehre hat mich allerdings nie besonders angezogen, obwohl mir die Ästhetik sehr zusagt; hervorstechend ist die Milde, die ich immer mit der anglikanischen Kirche assoziiert habe. Ich las damals zu den Tractarianern einiges an Pro und Kontra: John Henry Newmans *Apologia Pro Vita Sua* und *Die Türme von Barchester* von Anthony Trollope. Nach dem Krieg arbeitete Mr. King lange Zeit für den Weltkirchenrat in Genf, dann heiratete er eine Griechin und zog nach Athen, wo ich ihn aus den Augen verloren habe.

Miss Robinson war in ihren Dreißigern und stark verkrüppelt. Nur mit großer Mühe konnte sie sich auf zwei Krücken fortbewegen. Sie unterrichtete englische Grammatik und Literatur, wobei sie für Letztere eine brennende Leidenschaft entwickelte. Damit hat sie mich sicher angesteckt. Sie ließ uns Werke von William Shakespeare lesen, aber auch die Lyrik des 19. Jahrhunderts (besonders liebte sie *Lucy Cycle* von William Wordsworth) und Romane wie beispielsweise *Silas Marner* von George Eliot. Oscar Wildes *The Importance of Being Earnest* führten wir sogar auf. Was nach der Schließung von St. Lukas aus ihr wurde, weiß ich nicht.

Zwei Lehrer unterrichteten Mathematik und Physik – ein Jude, Mr. Friedmann, und ein Araber, Mr. Khamis. Beide waren sehr gute Lehrer; mit Mr. Khamis hatte ich mehr zu tun, denn eine Zeitlang hatte ich auch Privatunterricht bei ihm, da Mathematik immer schon meine schwache Seite war. Er wirkte nervös und verschlagen. Gerüchteweise wurde erzählt, dass er aus einer muslimischen Familie aus dem Norden stammte, die jahrelang in eine blutige Fehde verwickelt gewesen sein soll: Da er als hochgebildeter Mann das prominenteste Familienmitglied war, galt er als besonders gefährdet.

Ein anderer Lehrer, Araber und gläubiger Protestant, war Mr. Haddad, ein Schüler von Mr. Semple, dem er bei der Schulgründung geholfen hatte. Eigentlich hatte ich wenig mit ihm zu tun, da er Arabisch unterrichtete. Manchmal aber vertrat er einen der anderen Lehrer und dann ließ er sich für ein Bravourstück bewundern: Vom Lehrertisch aus, der in der Mitte der Stirnwand des Klassenzimmers stand, konnte er in weitem Bogen in einen Papierkorb spucken, der auf der anderen Seite des Raums unter einem Fenster stand. Wir beobachteten ihn dabei sehr gespannt, in der Hoffnung, er möge einmal nicht treffen. Aber er traf immer. Es war mir klar, dass er ein sehr guter Arabisch-Lehrer war. Er hatte eine sonore Stimme und trug in seinen Stunden gern arabische Gedichte vor. Wenn er deklamierte, konnte man ihn noch auf dem Gang hören, und ich war von der Kraft dieser Sprache beeindruckt.

Der Hebräisch-Lehrer, Mr. Labiush, war ein eher unangenehmer Mensch, der es als seine höchste Aufgabe ansah, die jüdischen Schüler von allen nur möglichen anti-zionistischen Einflüssen abzuschirmen. Er wies seine Schüler an, sie sollten ihre Männlichkeit herauskehren, wenn sie Hebräisch sprachen. Einer jener, die sich einer solchen Sprache befleißigten, war ein älterer, Labiush sehr ergebener Bursche, dem ich den einzigen Zwischenfall meines Glaubens wegen an der St.-Lukas-Schule verdankte: Er trat mir in den Weg und schimpfte mich auf Hebräisch einen »dreckigen Christen« (wörtlich sagte er: »dreckiger Nazarener«). Einige Monate später beobachtete ich in einem Kino in der Stadt, wie ein Aufruhr zwischen jüdischen und arabischen Jugendlichen ausbrach. Und ich sah denselben Anhänger von Mr. Labiush, wie er seine Brille abnahm, sich in das Handgemenge warf und schrie: »Auf die Nigger!« (wörtlich heißt das auf Hebräisch: auf die Schwarzen). Es sieht so aus, als würde es diese Verbindung von Rassismus und Drang nach Männlichkeit in den unterschiedlichsten Kulturen geben.

Gegen Ende meiner Schulzeit in St. Lukas hatte ich ein Jahr Chemie-Unterricht bei Edith Neumann. Biologie wurde überhaupt nicht gelehrt.

In all den Jahren schloss ich einige Freundschaften. Am Anfang waren meine wichtigsten Freunde drei Burschen, die sich mit mir gemeinsam gegen den Sport verschworen; und dann gab es noch Moshe. Das Trio bestand aus einem Juden, den ich Hans nennen möchte, und zwei Arabern, Farid und Henry. Zunächst brachte uns die tiefe Abneigung gegen Leibesübungen zusammen, die die Schule in der guten Tradition des britischen, physisch orientierten Christentums förderte – Gymnastik, Fußball, Handball und Laufen –, und wir waren sehr erfinderisch in der Entwicklung von Strategien, die die Teilnahme unmöglich machten. Ich hatte mir einen Brief von unserem Hausarzt in Bat Galim, einem gütigen älteren Herrn, besorgt. Darin bestätigte er, dass ich unter schweren Allergien litt, die meine Nase und meine Augen befielen. Das stimmte auch. Was in diesem Brief aber nicht stand, war, dass dieser Zustand immer nur während ein paar Wochen im Frühling auftrat. Ich legte ihn jedoch als Nachweis eines chronischen Leidens vor, und er wurde als solcher akzeptiert. Wie die drei anderen sich vom Sport befreiten, weiß ich nicht mehr. Doch so zweifelhaft die Grundlage dieser Freundschaft war, wir fanden dann doch noch einiges, das uns verband – etwa die große Leidenschaft fürs Lesen und für literarische Gespräche. Wir haben sogar einmal eine Vereinigung gegründet, die wir »St.-Lukas-Kunst-und-Musik-Klub« nannten – mit Statuten und einigen regelmäßigen Treffen. Soweit ich mich erinnere, war ich der Präsident des Vereins.

Hans war ein großer, schmächtiger Bursche, dessen Muttersprache Deutsch war. Er und ich lagen im Wettstreit ums Witze-Erzählen. Ein oder zwei Jahre nach meiner Ausreise aus Palästina habe ich erfahren, dass Hans geheiratet hatte und mit seiner Frau mehrfach in Einbruchsdiebstähle in den reichen Wohngegenden auf dem Karmel verwickelt war, bis er schließlich verhaftet wurde und ins

Gefängnis kam. Ich habe dann jede Spur von ihm verloren, bis ich vor einigen Jahren vollkommen unvermutet einen Brief von ihm erhielt. Er hatte eines meiner Bücher in die Hände bekommen und sich irgendwie meine Adresse besorgt. Er lebte in Portugal gemeinsam mit seiner Tochter, war offensichtlich bei schlechter Gesundheit und litt unter schwierigen finanziellen Verhältnissen. Wir begannen einen Briefwechsel, fanden heraus, wie unser Leben verlaufen war, hatten uns aber nur wenig zu sagen.

Henry war Katholik. 1948 flüchtete seine Familie nach England. Am nächsten aber stand mir Farid, ein sehr gescheiter, freundlicher und ziemlich übergewichtiger Bursche. Es gab nichts, worüber wir nicht miteinander diskutieren konnten. Einmal beschlossen wir, uns gegenseitig Arabisch und Deutsch beizubringen, aber das Projekt erlahmte bald. Ich kaufte mir ein arabisches Wörterbuch, das ich lange Jahre, auch noch in Amerika, behielt, weil ich dachte, ich würde eines Tages mein Arabisch-Projekt wieder aufnehmen. Ich habe es nie getan. Farids Familie stammte aus dem Libanon. Nach 1948 gingen sie wieder dorthin zurück. Farid wurde schließlich Arzt.

Ironischerweise hatten Farid und ich noch etwas anderes gemeinsam: Offiziell wurden wir als Anglikaner geführt. Wir waren zwei von nur drei Burschen dieser Konfession an der Schule, der dritte war der Sohn eines britischen Polizisten. Eines Tages kam Mr. Semple in unsere Klasse, erzählte, dass jemand aus dem Diözesanbüro in Jerusalem die Schule besuchen käme, um die Burschen, die »C.o.E.«

seien, kennen zu lernen. Alle, die »C.o.E.« waren, sollten aufzeigen. Keiner von uns dreien wusste, was »C.o.E.« zu bedeuten hat. Also erklärte Mr. Semple leicht irritiert: »Church of England. Anglikanisch«. Dann war uns klar, was gemeint war, und wir zeigten auf. Sicher dachte Mr. Semple, dass unser anglikanisches Engagement sehr zweifelhaft sein musste – womit er sicher Recht hatte.

Mit Moshe war alles ganz anders. Er gehörte nicht zur Anti-Sport-Liga. Wir schlossen erst in meinem letzten Schuljahr in St. Lukas Freundschaft. Seine Familie war sehr arm. Als ich ihn einmal zu Hause besuchte, war ich entsetzt, wie sie lebten – wie in einem Slum. Moshe war ein »Sabra«, ein glühender Marxist und Atheist. Er versuchte mich davon zu überzeugen, dass jedwede Religion nur Illusion sei und meine religiösen Interessen nur Zeitverschwendung. Einmal haben wir uns über das Leben nach dem Tod unterhalten, an das er natürlich nicht glaubte. Ich fragte ihn, ob es ihn denn nicht rein theoretisch interessieren würde, ob irgend etwas von ihm nach dem Tod weiterlebt. Nein, sagte er. Er würde gern als guter Genosse in Erinnerung bleiben, sich vielleicht sogar eine Gedenktafel für seine Verdienste um die Anliegen der Arbeiter wünschen – aber das wäre auch schon die gesamte Unsterblichkeit, die er braucht. Ich antwortete ihm, dass er sich einer Illusion hingäbe, wenn er das schon als eine Art Unsterblichkeit ansieht. Er wäre dann nämlich gar nicht dabei, wenn seine Genossen über ihn sprächen und könne gar nicht lesen, was auf der Gedenktafel stünde. Überflüssig zu erwähnen, dass keiner von uns den anderen überzeugen konnte.

Kurz bevor ich Palästina verließ und nachdem wir beide unser Abschlusszeugnis von St. Lukas erhalten hatten, schloss sich Moshe einem radikalen linken Kibbuz an. Ich habe ihn dort einmal besucht, fand die Verhältnisse dort aber nicht gerade reizvoll. Stolz erzählte mir Moshe, dass er kein Privateigentum hatte, nicht einmal seine Unterwäsche gehörte ihm: Schmutzige Wäsche würde er einfach in die Gemeinschaftswäscherei geben und erhielt saubere Kleidung in seiner Größe, egal ob er sie zuvor getragen hatte oder nicht. Es mag unfair sein, aber lange Zeit war das meine Metapher für Sozialismus: Man trägt die Unterwäsche von jemand anderem.

Einige Jahre nach meiner Übersiedlung nach Amerika hörte ich wieder von Moshe. Jemand sandte mir Zeitungsausschnitte über ihn. Offensichtlich hatte er schon vor langem den Kibbuz verlassen und lebte, wie ich glaube, als Maler in einer Künstlerkolonie in Tel Aviv. Er machte Schlagzeilen, weil er im Hungerstreik war: Er wollte eine Nicht-Jüdin heiraten; weil sie aber nicht zum Judaismus übertreten wollte, konnte die Hochzeit nicht in Israel stattfinden. Der neue Staat folgte wie die Briten der alten ottomanischen Gesetzgebung, wonach jeder *Millet*, also jede religiöse Gemeinschaft, auch in zivilrechtlichen Fragen die Gerichtsbarkeit über ihre Mitglieder hatte. Jeder andere in Moshes Situation wäre ins Ausland gefahren (Zypern war und ist das beliebteste Ziel), hätte dort geheiratet und wäre dann mit seiner rechtmäßig angetrauten Frau zurückgekommen, denn das israelische Rabbinat hatte keine gesetzlichen Befugnisse außerhalb der Staatsgrenzen. Aber ein solches Schlupfloch auszunützen widerstrebte Moshes Prinzipien: Er war ein israelischer Bürger und hatte das Recht, die Frau seiner Wahl zu heiraten, ohne sich einer Religion zu unterwerfen, an die er ohnehin nicht glaubte. Er wollte seinen Hungerstreik fortsetzen, bis das Gesetz geändert würde. Angesichts der politischen Machtverhältnisse der religiösen Parteien in Israel war das eine leere Hoffnung. Der Fall muss aber ziemlich hohe Wellen geschlagen haben. Moshe scheint den Hungerstreik nach einer Unterredung mit einem Minister abgebrochen zu haben, der ihn überzeugen konnte aufzugeben. Ich habe Moshe damals geschrieben, aber nie eine Antwort erhalten. Später erfuhr ich, dass er mit seiner Frau Israel verlassen und sich in Europa niedergelassen hat.

St. Lukas verdanke ich eine sehr gute höhere Bildung, auch wenn sie etwas einseitig auf die Geisteswissenschaften ausgerichtet war. Ich lernte gutes Englisch und erwarb ausgezeichnete Kenntnisse in Geschichte, Geografie und englischer Literatur. Meine Kenntnisse in Mathematik und den Naturwissenschaften waren allerdings schwach. Trotzdem haben meine Mitschüler und ich mit Erfolg die Abschlussprüfung abgelegt – die so genannte *London matric* (eigentlich *London Matriculation Examination*), eine seit 1838 von der Universität in London ausgeschriebene Prüfung, die an allen englischen Schulen – also selbst in den entlegensten Kolonien – abgelegt werden kann und die zur Immatrikulation an der London University berechtigt. (Da ich das nie versucht habe, weiß ich nicht, ob es wirklich funktioniert.)

Was ich aber außerhalb des Klassenzimmers lernte, war von weit größerer Bedeutung. Am wichtigsten war wohl, dass ich Freunde außerhalb des sektiererischen religiösen Milieus fand, von dem meine Schulzeit am Karmel geprägt war. Keiner meine Freunde an der St.-Lukas-Schule war besonders religiös, einer war, wie gesagt, sogar areligiös. Ich glaube, dass diese Freundschaften für eine gesunde soziale und persönliche Entwicklung in der Adoleszenz sehr zuträglich waren. Es gab natürlich auch ein großes Manko: Wir hatten in der Schule keinen Umgang mit Mädchen. Ich meine, dass uns dadurch allen etwas entgangen ist. Meine Lage war diesbezüglich aber besonders traurig, weil ich als Außenseiter in Bat Galim auch sonst nur schwer mit Mädchen in Kontakt kam. Klar, dass ich mich in Fantasien flüchtete, aber meine ersten Erfahrungen waren auf sehnsuchtsvolle Blicke, auf was immer ich zu sehen bekam, beschränkt. Ich habe Rina schon erwähnt, die Hüterin der Bücher in der Pevsner Bibliothek, die weder von der Vielfalt noch von der Anzahl der Bücher, die ich entlehnt habe, beeindruckt war. Sie hat mich nicht einmal ignoriert. Oder Alisa, ein dralles Mädchen, das im Erdgeschoss unseres Hauses wohnte. Ich beobachtete sie besonders dann gern von unserem Balkon aus, wenn sie in ihrem freizügigen Badeanzug zum Strand unterwegs war. Es bleibt dem psychoanalytisch geneigten Leser zur Beurteilung überlassen, ob diese Situation bleibende Auswirkungen auf mein Leben hatte – ich vermute nicht. Meine erste Verabredung, die man als solche hätte bezeichnen können, hatte ich mit einem liebenswürdigen Schweizer Mädchen an Bord jenes Schiffes, das uns von Frankreich nach Amerika brachte. Damals war ich siebzehn. Allerdings holte ich alles Versäumte nach, sobald ich amerikanischen Boden betreten hatte.

Mein Einblick in die beiden Welten, die im israelisch-arabischen Konflikt so augenscheinlich aufeinanderprallen, habe ich meinen Schuljahren in St. Lukas zu verdanken. Ich hatte enge Freunde in beiden Gruppen, besuchte sie zu Hause und lernte ihre Familien kennen. Mr. King vermittelte mir ein beachtliches Wissen über die Geschichte des Islam, wie es wohl kein Lehrer in Europa oder Amerika könnte. Ich hörte mich in die arabische Sprache und Musik ein, bekam auch ein Gefühl für die arabische Kultur und es wurde mir bleibender Respekt für den Islam als Religion vermittelt. Viele Jahre später machte ich eine Vorlesungsreise durch Indien. Meine Gastgeber in Haiderabad nahmen mich zuerst zu einem Hindufest mit, das bemerkenswert war, mich aber nicht weiter berührte. Dann führten sie mich in eine große Moschee. Als ich das Gebäude betrat, fühlte ich mich sofort zu Hause. Ich mache ähnliche Erfahrungen, wann immer ich Orte in der islamischen Welt besuche.

Bedenkt man die Bedinungen, unter denen wir in Palästina lebten, so ist mein Verhältnis zur israelischen Seite naturgemäß vielschichtiger. Schließlich waren es Juden – nicht Araber – gewesen, die uns an den Rand gedrängt und mich immer wieder gering geschätzt hatten. Ich glaube trotzdem, dass ich mit Recht sagen kann, dass diese Erfahrungen keinerlei Verbitterung hinterlassen hat. Ich mag es, wenn Hebräisch gesprochen wird, und verstehe auch einiges. Und ich höre gerne israelische Musik. Was aber vielleicht am wichtigsten bleibt: Ich bin zutiefst betroffen von der Unlösbarkeit dieses Konflikts. Die Jahre in Palästina bewahren mich aber sicherlich davor, mich mit den ideologischen Anliegen der einen oder der anderen Seite zu identifizieren.

Oft, wenn ich in Zeitungen oder im Fernsehen Bilder aus den Konfliktregionen sah, versuchte ich herauszufinden, ob es da Gesichter gab, die mir bekannt vorkamen: Könnte der Araber, der gerade eine Handgranate auf ein Auto geworfen hatte, der arabische Junge aus Mr. Balys Klasse sein? Oder der Fahrer des getroffenen Wagens – könnte er der jüdische Bursche sein, neben dem ich in Miss Robinsons Klasse saß?

Selbstverständlich kann ich den Zionismus nicht kritiklos unterstützen. Ich erinnere mich immer noch an den Tag, als im Jahr 1948 die Unabhängigkeit des Staates Israel ausgerufen wurde. Ich besuchte gerade ein College im Mittleren Westen der USA. In der Synagoge der nahegelegenen Stadt gab es aus diesem Anlass einen Gottesdienst, und ich beschloss, mit meiner damaligen Freundin, einer Finnin, hinzugehen. Es war eine kurze Zeremonie, bei der die Unabhängigkeitserklärung Ben Gurions verlesen wurde und die wenigen Gemeindemitglieder, die den Text kannten, dann die »Hatikvah«, die zionistische Hymne, anstimmten. Ich kannte zwar Teile des Textes, aber ich sang nicht mit. Und doch war ich bewegt und wünschte dem Staat Israel alles Gute. (Es hat zwar nichts damit zu tun, aber als wir die Synagoge verließen, fragte ich meine finnische Freundin, was sie von der Feier dachte. Ihre Antwort überraschte mich: »Ich finde, dass dieser Gott ein sehr furchteinflößender ist.«)

Was die Religion betraf, so hat man mich in der St.-Lukas-Schule keinesfalls anglikanisch indoktriniert (auch wenn Mr. King andeutungsweise ein paar Versuche in diese Richtung unternahm). Aber ich erlebte das, was vermutlich »normales« Christentum ist – nämlich Christ zu sein, ohne sich in einer sektiererischen Subkultur zu verpuppen. Teil dieser meiner »Normalisierung« war, dass ich begann, in die Kirche zu gehen – mit M., manchmal auch mit V. –, und zwar in verschiedene Kirchen: Eine Zeitlang besuchten wir die neu gegründete presbyterianische Kirche (Church of Scotland) in Haifa, dann die anglikanische.

Vor dem Krieg hatte es eine deutsche lutherische Kirche in Haifa gegeben. Ihr Pfarrer, ein Pastor Berg, war ein engagierter Nazi-Gegner und Anhänger der so genannten »Bekennenden Kirche« (jener Bewegung innerhalb des deutschen Protestantismus, die sich ihrer ideologischen Nazifizierung widersetzte). Doch knapp vor Kriegsausbruch hatte er beschlossen, nach Deutschland zurückzukehren. Die britische Verwaltung ließ die Kirche zuerst schließen, übergab sie aber später aus irgendeinem Grund der Church of Scotland. Der neue Pfarrer, Mr. Clark-Kerr, war ein redegewandter ziemlich intellektueller Prediger. Er begann sich für mich zu interessieren, was zu anregenden Gesprächen über Religion und andere Themen führte. Das Wichtigste für mich aber war, dass Mr. Clark-Kerr, der nicht Deutsch lesen konnte, mir erlaubte, Bücher aus der umfangreichen theologischen Bibliothek zu leihen, die Pastor Berg zurückgelassen hatte. Ich werde später erklären, warum diese Bücher eine so große Bedeutung für mich hatten.

Die presbyterianischen Gemeinde war sehr klein, sie bestand im Wesentlichen aus schottischen Mitgliedern der britischen Verwaltung und Armee. Die Kirche unterhielt im Zentrum von Haifa auch eine Herberge für durchreisende und urlaubende Soldaten. Einmal ließ mich Mr. Clark-Kerr dort in den Sommerferien als Rezeptionist arbeiten. Es war ein einfacher Job: Ich saß an der Rezeption, empfing ab und zu einen Gast und war die meiste Zeit mit meiner Lektüre beschäftigt. Diese Arbeit bot mir auch die erste Gelegenheit, Rassengerechtigkeit walten zu lassen (falls man das so nennen kann). Zwei arabische Soldaten wollten bei uns absteigen. Sie waren Mitglieder der Arabischen Legion, einer sehr erfolgreichen Militäreinheit, aufgebaut in Transjordanien vom legendären Glubb Pascha (Sir John Bagot Glubb, Kommandant der Arabischen Legion 1939 bis 1956), die später eine wichtige Rolle im ersten arabisch-israelischen Krieg spielte. Aus irgendeinem Grund hatten sie khakifarbene Pickelhelme, die mich – Experte für Uniformen, der ich schließlich war – an die der alten Preußen erinnerten. Niemand hatte es mir ausdrücklich gesagt, aber mir war klar, dass diese beiden nicht eingelassen werden sollten. Ich nahm sie trotzdem auf. Mr. Clark-Kerr ließ mich in sein Büro kommen und sagte, er schätze mein Gerechtigkeitsgefühl hoch, aber, gerecht oder ungerecht – das sei hier nicht die Frage: Die Herberge sei nur für Angehörige der britischen oder anderer europäischer Armeen. Als einige Zeit später drei sehr schwarze Senegalesen der Free French Forces einchecken wollten, hielt ich mich an die Anweisungen und verwies sie an eine Adresse für »eingeborene« Militärs, die ich für solche Fälle erhalten hatte. Aber ich fühlte mich nicht wohl dabei.

Mr. Clark-Kerr wurde an die viel größere presbyterianische Kirche in Jerusalem berufen. Sein Nachfolger als Prediger war ein Langweiler. Deshalb wechselten M. und ich in die besser besuchte anglikanische Kirche. Der Pfarrer dort war ein gewisser Mr. Moxton, ein recht angenehmer Mann, der aber auch nicht gerade beeindruckend predigte. Er freute sich, uns sozusagen als Anglikaner willkommen heißen zu können, was mir nicht wichtig war, sich aber später aus bürokratischen Gründen als nützlich erweisen sollte, worauf ich noch zurückkommen werde.

Meine Besuche von Mr. Moxtons Gottesdiensten hatten folgende Konsequenz: Einmal lernte ich die reine Schönheit des *Book of Common Prayer*, also der Agende der anglikanischen Kirche, schätzen. (Das erklärt meine Abneigung gegenüber der »Liturgiereform«, die deren Ästhetik durch die Sprache eines Versandhauskataloges ersetzte, angeblich um den Glauben für heutige Menschen verständlicher zu machen.) Zum Zweiten gab es eine einfache, aber nützliche Erkenntnis: Dass es unwichtig ist, wie gut oder schlecht einer predigt, wenn die liturgische Gestaltung des Gottesdienstes stimmt. An bedeutsame Gespräche mit Mr. Moxton kann ich mich nicht erinnern.

Neumanns Lehrplan

Ich muss wohl 14 oder 15 gewesen sein, als Fritz Neumann begann, ernsthaft auf mich aufmerksam zu werden. So weit ich mich erinnere, geschah das, als ich mich an ihn wandte, um meine Zweifel am Christentum mit ihm zu besprechen. Sie waren mir durch meine unersättliche Lektüre aufgekommen. Ich hatte Paul de Kruifs *Mikrobenjäger* über wichtige Neuerer der Medizin gelesen und mich daraufhin entschlossen, Arzt zu werden (zum Glück blieb ich nur kurz bei diesem Vorhaben; ich wäre wohl ein schrecklich schlechter Arzt geworden). Aber neben den beruflichen Überlegungen entstand das Gefühl in mir, dass ich »wissenschaftlicher« denken sollte. Einige der Bücher, die ich las (über Astronomie und die biologische Evolution) ließen mich jedoch glauben, dass das Christentum, zumindest so wie ich es bis dahin verstanden hatte, mit

Wissenschaft nicht vereinbar ist. Ich las ein Traktat gegen das Christentum des amerikanischen Atheisten Ralph Ingersoll. Besonders beeindruckt hatte mich C.E.M. Joads *God and Evil* (»Gott und das Böse«), in dem der Autor das Christentum hauptsächlich deshalb verwarf, weil es seiner Ansicht nach mit dem Problem der Theodizee nicht zurechtkommt – also mit der Frage, wie ein allmächtiger und gütiger Gott das Leid und das Böse in der Welt zulassen könne. (Joad, ein britischer Philosoph, der oft in intellektuellen Sendungen im BBC Radio zu Wort kam, hat später seine Meinung geändert und wurde praktizierender Anglikaner.)

Ich hatte niemanden, mit dem ich über solche Themen diskutieren konnte. Meine Schulfreunde interessierten sie nicht. Ich schrieb einige Aufsätze in Mr. Balys Religionsunterricht, in denen ich meinen Zweifeln am Christentum Ausdruck verlieh. Mr. Baly reagierte sehr tolerant darauf, schrieb einige Kommentare an den Rand meiner Aufsätze, aber er suchte nie das Gespräch mit mir. Er war wohl etwas irritiert von dem ziemlich aggressiven Ton, den ich angeschlagen hatte. Ich las auch verschiedene Bücher über Mystizismus, der mich in seinen Bann zog. Ich kam zu dem höchst unoriginellen Schluss, dass eher der Mystizismus als die offenbarte Religion mit Wissenschaft in Einklang zu bringen ist. Vielleicht, so dachte ich, sollte ich mich selbst als »nicht-christlicher Theist« definieren, so wie Joad das in diesem Stadium seiner Laufbahn getan hatte. Ich schrieb einen kleinen Essay darüber und gab ihm den Titel »Eine Theorie des Egoismus« (die Wahl des Wortes »Egoismus« spielt hier keine Rolle; es gab darin auch einige utilitaristische Ideen); darin formulierte ich einige meiner diesbezüglichen Gedanken. Und ich beschloss, dieses Dokument Fritz zu zeigen.

Vom pädagogischen Standpunkt gesehen, war Fritz' Reaktion bemerkenswert. Der Essay war natürlich eine sehr unreife Übung, was Fritz sicherlich ebenso sah. Ich kann mich noch gut an seine ersten Worte erinnern, als er ihn mir zurückgab: »Alles, was man in einem Fall wie diesem tun kann, ist sich in den Gedankengang einlassen. Und dann wird man sehen, wie weit man damit kommt.« Genau das hat er getan. Er machte meine Anstrengungen nicht herunter, übte keinerlei direkte Kritik, er stellte nur einige Fragen über meine Vermutungen – über die Natur des Menschen, über das Verhältnis von Vernunft und Glauben, über verschiedene Formen von Religion. Dann legte er mir nahe, mich mit grundlegenden Werken der Philosophie zu beschäftigen und mehr oder weniger gleichzeitig einführende theologische Bücher zu lesen. Er bot mir an, mich bei der Auswahl zu beraten und mir die Bücher zu borgen. Voll Eifer nahm ich dieses Angebot an.

Noch nie hatte irgendjemand meine Ideen so ernsthaft aufgenommen, auch kannte ich niemand anderen, der über so viel Wissen verfügte, von dem ich profitieren konnte. Daraus entstand eine sehr ungewöhnliche Form von Unterricht, den ich zwei Jahre lang – bis zu unserer Abreise aus Palästina – genoss.

Es gab keinen festen Stundenplan, vielmehr besuchte ich Fritz alle zwei Wochen in seiner Wohnung, brachte die ausgeborgten Bücher zurück und sprach mit ihm über das Gelesene. Jedes Mal ging ich mit anderen Büchern wieder nach Hause. Ich kann die gesamte Leseliste nicht mehr rekonstruieren. In Philosophie ließ mich Fritz einige Dialoge Platons lesen (beginnend mit *Laches*, der zu den Frühdialogen des Philosophen gehört; er meinte, dass mir die Beschäftigung mit Tapferkeit meinem jugendlichen Alter entsprechend gefallen würde; was sie jedoch nicht tat), dann Kants *Prolegomena* und vor allem seinen geliebten Kierkegaard. Nacheinander las ich alle seine unter Pseudonym erschienenen Werke, zuletzt die *Einübung im Christentum*. Besonders faszinierte mich seine Kategorie *Sprung in den Glauben* und auch seine Annahme, dass ein derartiger »Sprung« die einzige Alternative zur Verzweiflung sei. Fritz empfahl mir aus der theologischen Literatur Augustinus, Luther, Barth und einige andere Schriftsteller (an die ich mich weiter nicht erinnere). Das war sicher ein äußerst eigenwilliger Lehrplan, aber er trug enorm zu meiner Bildung bei. Neben dem spezifischen Wissen, das ich durch die Lektüre erhielt, verschaffte mir dieses Studium einen starken Eindruck von der Heiterkeit systematischen, kritischen Denkens. Fritz hatte diese Bücher natürlich alle schon vor langer Zeit gelesen, aber sie begeisterten ihn von neuem, wenn wir darüber sprachen. Und seine Begeisterung war ansteckend.

Ich musste mich bei den Büchern, die er mir lieh, nicht

auf philosophische und theologische beschränken. Einmal, als ich das Verhältnis der beiden Frauen an der Karmel-Schule beschrieb, merkte Edith Neumann an: »Das klingt wie die Atmosphäre bei Dostojewski.« Ich musste gestehen, noch nie Dostojewski gelesen zu haben. Da meinte sie, es sei höchste Zeit, damit zu beginnen. Ich glaube, sie gab mir zuerst *Schuld und Sühne* zu lesen, dann folgten alle seine Romane, einer nach dem anderen. Fritz gab mir auch *Die letzten Tage der Menschheit* von Karl Kraus zu lesen. Fritz hatte Kraus in Wien kennen gelernt, war von ihm sehr begeistert gewesen und hatte – in meinen Augen zurecht – eine Nähe zu Kierkegaard festgestellt. Beide waren sie fast schon prophetische Gestalten, wenn auch mit sehr unterschiedlichen Botschaften, und beide schreckten nicht davor zurück, bei ihren öffentlichen Auftritten befremdlich zu wirken. Ich glaube, Fritz hat seine Rolle als Prediger in der Kapelle der Mission ebenso empfunden.

Am Ende der Unterweisungen durch Fritz gelangte ich zu dem Schluss, dass ich mich selbst nur als Christ definieren konnte. Davor gab es zumindest zwei Zwischenspiele – grob gesagt, ein katholisches und eines, das man am besten als ein »pan-mystisches« beschreibt. Zuletzt stand ich jedoch vor der Frage, welcher christlichen Lehre ich mich zuwenden sollte. Und bei dieser Entscheidung war Fritz keine Hilfe. Ich hatte jedenfalls keinerlei Absicht, in seine Fußstapfen zu treten und Kongregationalist zu werden (ganz abgesehen davon, dass das in meiner Situation ein empirisch unmögliches Unterfangen gewesen wäre).

Am Ende dieses Abschnitts sollte ich noch berichten, wie das Leben der Neumanns weiterging. Edith war Chemikerin und arbeite einige Jahre in einer Ölraffinerie bei Haifa. Sie entging nur knapp einem Massaker der arabischen Arbeiter an den jüdischen Angestellten (man glaubte offenbar, sie sei Jüdin). Die Neumanns folgten uns schon bald nach Amerika. Dadurch bekam Fritz als Kongregationalist Arbeit. Er wurde Pastor einer kleinen, mehrheitlich schwarzen kongregationalistischen Kirche (später: »United Church of Christ«) in Brooklyn. Seine Gemeindemitglieder mochten ihn offensichtlich sehr. Während seiner letzten Lebensjahre war er Gastprofessor am theologischen Seminar von Hartford, wo er Bibelwissenschaften unterrichtete. Edith überlebte ihn um einige Jahrzehnte und starb über neunzigjährig im Jahr 2002. Eine Zeitlang gab sie auf eigene Kosten Bücher mit Fritz' unveröffentlichten Essays und Predigten heraus. Sie erschienen im Eigenverlag und hatten keinen professionellen Vertrieb. Darum haben wohl nur wenige seine Schriften gelesen. Mein Kontakt zu Fritz ließ kurz nach seiner Übersiedlung nach Amerika nach, zum Teil deshalb, weil ihm die Richtung, in die sich mein theologisches Denken entwickelte, nicht gefiel (für seinen Geschmack war es viel zu liberal geworden). Edith versuchte dann, mich in ihr Publikationsprojekt einzubeziehen, und war wohl sehr enttäuscht, als ich Bedenken äußerte.

Wie war ich nun wirklich in diesen Jahren? Wenn ich heute meinem damaligen Ich begegnete (in irgendeinem metaphysischen Loch im Raum-Zeit-Gefüge), würde ich mich mögen? Ich bin nicht sicher. Ganz objektiv betrachtet gibt es einige Aspekte an diesem Heranwachsenden von vor langer Zeit, die einen gewissen beinahe neurotischen Charakterzug vermuten lassen: Ein Teenager, der sich durch Kants *Kritik der reinen Vernunft* kämpft, der in seiner Schwärmerei für Kierkegaard zu dem Schluss kommt, dass Glaube die einzige Alternative zur Verzweiflung ist – ein wunderlicher Kauz? Derselbe Teenager, der am Balkon auf das dralle Mädchen aus der Erdgeschosswohnung wartet, es in Gedanken auszieht, kaum dass er ihrer ansichtig wird und sonst nichts weiter unternimmt – ein schüchterner Lüstling? Und was vielleicht am meisten beunruhigt: Ein Teenager, der mit religiösen Fragen ringt, die aus einem unangenehm sektiererischen Untergrund auftauchen – vielleicht ein Frömmler?

Und doch müssen mildernde Umstände geltend gemacht werden. Vor allem war er Opfer von Ereignissen, auf die er keinerlei Einfluss hatte, und er setzte sich, so gut es ging, mit diesen Erfahrungen auseinander. Weiters muss man berücksichtigen, wie andere auf ihn reagierten. Fast immer fand er in diesen Jahren Menschen, die ihn mochten – und zwar sowohl Erwachsene als auch Gleichaltrige, die gern mit ihm beisammen waren und in einigen Fällen gute Freunde wurden. Also muss man doch eigentlich zu dem Schluss kommen, dass all die negativen Eigenschaften – der Sonderling, der schüchterne Lüstling, der heranwachsende Fanatiker – nicht das waren, was an ihm vordergründig auffiel. Hätte ich ihn also gemocht? Per saldo hätte ich ihn wohl gemocht (oder würde ihn gemocht haben – ich weiß nicht, welche grammatikalische Form hier angebracht ist).

Es scheint mir heute, dass ich in dieser Phase meines Lebens, besonders nachdem ich an die St.-Lukas-Schule gekommen war, auf zwei sehr unterschiedlichen Ebenen agiert habe. Auf der einen war ich ein ziemlich eigenartiges Kind, das ganz für sich gegen Dämonen kämpfte und dabei jede religiöse (und manchmal quasi okkulte) Unterstützung suchte, die es nur bekommen konnte. Auf der anderen war ich ein recht liebenwertes Kind, das gesunde menschliche Beziehungen aufbauen und viel Spaß haben konnte. Freilich war ich auch ein sehr aufgewecktes Kind und verfügte daher auch über eine beachtliche intellektuelle Kapazität, meine Lage zu reflektieren und ihr einen Sinn abzugewinnen. Ich bin ziemlich sicher, dass meine dunklen Obsessionen durch die ständig schützende Hand von V. und M. in Schach gehalten wurden, auf die ich mich absolut verlassen konnte. Doch all die Jahre in Palästina lebte ich am Rande der Gesellschaft. Als sich diese Lage bei unserer Ankunft in Amerika plötzlich und dramatisch änderte, hatte ich endlich die Kraft, mich selbst und meine Sicht auf die Welt neu zu bestimmen. Wenn man so will, wurde ich damals »gerade gebogen« (oder naturalisiert?). Man könnte auch sagen, dass ich ein Musterbeispiel an amerikanischer Integration bin.

»Es ist ein Zufall der Geschichte, dass Haifa zum Weltzentrum der Bahai wurde«:
der Schrein der Bahais auf dem Karmel in Haifa

Gespräche in Stella Maris

Auf dem Gipfel des Karmel erbauten die Unbeschuhten Karmeliten (*Orden der Brüder der allerseligsten Jungfrau Maria vom Berge Karmel*) im Jahr 1883 ein kleines, dem Propheten Elija geweihtes Heiligtum, das sie *Stella Maris* (»Stern des Meeres«) nannten. Es steht in der Nähe jener Stelle, an der nach der Überlieferung ein Wettstreit mit den dort ansässigen Baals-Propheten stattfand, bei dem Elija die jüdische Lehre gegen jede Form von Synkretismus verteidigte. Während meiner Jahre in Palästina gab es dort in der Nähe auch ein britisches Militärlager, sonst aber war die Umgebung des Klosters unbesiedelt – nur felsige Wildnis. Von der Stadt aus führte eine gute, aber kaum befahrene Straße bergauf. Die Aussicht von Stella Maris aus ist atemberaubend, ein Ort von großer Schönheit und Stille.

Eines Tages entschied ich, dass Stella Maris genau der Ort war, den ich brauchte, um ungestört lesen und denken zu können. Ich machte es mir zur Gewohnheit, gleich, nachdem mich am frühen Nachmittag der Bus aus der Schule heimgebracht hatte, auf den steilen Weg von Bat Galim zu Stella Maris hinaufzugehen. Meist hatte ich ein, zwei Bücher bei mir. Ich brauchte eine knappe halbe Stunde für den Aufstieg. Hinter dem Kloster fand ich einen Felsen, den ich zu meinem Lieblingsplatz machte. Ich taufte ihn »Kierkegaard-Hügel«, bastelte sogar ein kleines Namensschild, das ich irgendwie an einem Busch neben dem Felsen anbrachte. Dort las ich eine Stunde lang oder saß auch nur still da. Dann wanderte ich zum Kloster hinüber, wo ich meistens jemanden traf, mit dem ich jene Gespräche führte, von denen ich hier erzählen will. Wenn ich Zeit dazu hatte, setzte ich mich in die Klosterkirche und hörte den Mönchen bei der Vesperliturgie zu. Ich konnte die Mönche nicht sehen, sie saßen hinter einem Sichtschutz hinter dem Altar. Die Kirche war meist leer, ich saß dort allein und genoss die Stille und die gregorianischen Choräle. Wenn es dann dunkel wurde, stieg ich wieder hinunter nach Bat Galim und war rechtzeitig zum Abendessen zu Hause. Ich weiß nicht mehr, wie lange ich dieses tägliche Ritual durchgezogen habe, es muss so ungefähr ein Jahr gewesen sein.

Mein erster Gesprächspartner war ein Araber, ein sehr freundlicher Mann Ende zwanzig oder Anfang dreißig. Ich nehme an, dass Anis irre war, aber sein Wahnsinn war vollkommen harmlos. Ich habe nie sehr viel über ihn herausfinden können. Er muss eine gute Bildung genossen haben und sprach fließend Englisch. Allem Anschein nach lebte er bei seiner Familie. Er erzählte mir – und auch anderen, die sich manchmal an unseren Gesprächen beteiligten –, dass er nach Stella Maris käme, um zu meditieren und seine prophetische Botschaft zur Rettung der Welt in ihre endgültig Form zu bringen. Was er von dieser Erkenntnis preisgab, war nicht besonders schlüssig; im Grund war es ein Aufruf an die Menschheit, einander zu lieben und in Harmonie miteinander zu leben. Ich konnte mit Anis' Theorie nichts anfangen, aber wir mochten einander.

Ich muss als Klosterbesucher auffallend gewesen sein, denn schon bald kam ich mit einigen Mönchen ins Gespräch. Die *lingua franca* dort war Französisch und in dieser Sprache unterhielt ich mich auch mit den Mönchen. (Einige Jahre zuvor hatte V. entschieden, dass ich Französisch lernen sollte, und ich bekam Privatunterricht bei einer jüdischen Algerierin, die bei uns um die Ecke wohnte. Ich machte nur langsam Fortschritte, aber als meine Pilgergänge nach Stella Maris begannen, sprach ich schon ziemlich fließend.) Ich freundete mich besonders mit Bruder Stanislao an, einem jungen Italiener, der seine Gelübde noch nicht abgelegt hatte. Ich weiß nicht, ob diese Begegnung zufällig zustande kam, oder ob Stanislao von seinen Oberen dazu entsandt worden war. Wie dem auch gewesen sei, Stansilao kündigte an, dass er mich zum Katholizismus bekehren würde. Monate hindurch bemühte er sich auch sehr darum. Er empfahl mir Bücher, die ich lesen sollte, verschaffte mir sogar die Erlaubnis, die sehr eindrucksvolle Klosterbibliothek zu benützen, die eine riesige Sammlung von Büchern beherbergte. Auch das war eine große Freude für mich: im Hauptlesesaal zu sitzen, still zu lesen, manchmal ganz allein, dann wieder mit einem oder zwei Mönchen gemeinsam.

Ich muss wohl bereits die Hauptthemen des katholischen Katechismus hinter mich gebracht haben – und zwar sowohl durch meine Lektüre als auch durch die Gespräche mit meinem vermeintlichen Lehrmeister. Natürlich hob Stanislao besonders jene Glaubenssätze hervor, die den Katholizismus vom Protestantismus unterschieden. Wir hatten lange Diskussionen über die päpstliche Unfehlbarkeit, über den Begriff heilig (Stanislao war besonders beredt, wenn es um »heroische Keuschheit« ging), über das Gebet zur Jungfrau Maria und zu den anderen Heiligen. Ich glaube nicht, dass die missionarischen Bemühungen Stanislaos mich jemals in Versuchung geführt haben. Einiges sprach mich ästhetisch an, was bei dem bemerkenswerten Ambiente dieser Gespräche unvermeidbar war. Auch die Sicherheit in Glaubensfragen, die Stanislao und die anderen Mönche zu haben schienen, beeindruckte mich. Aber ich hatte auch schon genügend bibelfeste Protestanten kennen gelernt, um zu wissen, dass Festigkeit im Glauben kein katholisches Monopol war. Wäre es darum gegangen, dann hätte ich außer dem Katholizismus noch einige andere Optionen gehabt – verschiedene Ausprägungen des Protestantismus, den Anglo-Katholizismus, den Zionismus, den Marxismus und, mit einigem Abstand, das orthodoxe Judentum. Weil mich meine frustrierten pubertären Sehnsüchte quälten, sprach mich Stanislaos »heroische Keuschheit« in gewisser Weise an, aber eigentlich wünschte ich mir, von meinem Zustand völlig unheroisch aufgezwungener Keuschheit erlöst zu werden. Ich glaube, dass Stanislao nie wirklich eine Chance bei mir hatte. Aber ich genoss es, mit ihm zusammen zu sein und letztendlich habe ich viel gelernt.

Ich begann, meine römisch-katholischen Ausflüge in meinen »Neumann-Lehrplan« zu integrieren. Die Themen, die in Stella Maris angesprochen wurden, führte ich in den Gesprächen mit Fritz weiter. Er hatte immer großen Respekt vor dem Katholizismus, aber dann erklärte er mir doch, warum er ihn im Grunde für ein Missverständnis hielt. Fritz lieh mir ein Buch, das ich sehr aufmerksam las und das mir weiterhalf – das Werk eines deutschen katholischen Theologen des 19. Jahrhunderts, Johann Adam Möhler, erstveröffentlicht 1843. (Nach Fritz' Tod ließ mich Edith einige Bücher aus dessen Bibliothek aussuchen; unter anderen nahm ich dieses Buch mit, das ich immer noch habe.) Sein Titel lautet *Symbolik*, aber der Begriff bedarf einer Erklärung: »Symbole« wurden seit der Reformation für Glaubensbekenntnisse verwendet (etwa für das Lutherische Augsburgische Bekenntnis oder die Lehrdokumente des katholischen Konzils von Trient). Der Untertitel machte den Sinn des Buches deutlicher: *Darstellung der dogmatischen Gegensätze der Katholiken und Protestanten nach ihren öffentlichen Bekenntnißschriften.* Möhler, Theologieprofessor in München, beteiligte sich an keinerlei Polemik; vielmehr erklärte er systematisch die Hauptunterschiede zwischen den beiden christlichen Traditionen, auch wenn er immer zu dem Schluss kam, dass der Katholizismus überlegen ist. Und wieder glaube ich, dass Fritz pädagogisch sehr klug gehandelt hat, als er mir gerade dieses Buch als Führer durch die Theologie empfahl. Ich erinnere mich noch, was er in diesem Zusammenhang gesagt hat: »Wenn du einen Standpunkt verstehen willst, mit dem du nicht übereinstimmst, suche dir immer den besten Vertreter dieses Standpunkts aus.« Möhler wäre wohl mit dem Ergebnis meiner Studien nicht glücklich gewesen, genauso wenig wie Fritz, glaube ich.

Die *Symbolik* geht systematisch alle größeren protestantischen Traditionen durch, im ersten Teil stellt der Autor den Katholizismus dem Luthertum und dem Calvinismus gegenüber. Der Katholizismus sprach mich nicht an, aber alles, was ich über den Calvinismus las, ging mir gegen den Strich. Die lutherische Sicht der Hauptunterschiede jedoch – besonders alles, was die Apologie der Rechtfertigungslehre, der Sakramente und der Kirche betrifft –, kam mir sehr entgegen. Ich bin in den Jahren seither dem Katholizismus sowohl intellektuell als auch im Gespräch mit ergebenen Gläubigen oft wiederbegegnet. Ich habe auch einige Freunde und Bekannte römisch-katholisch werden sehen. Mich hat er nie gereizt.

Stanislao verließ Palästina einige Monate vor mir. Er ging nach Italien zurück, legte seine Gelübde ab und wurde Priester. Wir korrespondierten eine Zeitlang, verloren uns dann aber aus den Augen. Sein »Nachfolger« als mein Gesprächspartner im Kloster war ein Novize. Bruder Simon war bedeutend älter als Stanislao. Als Offizier der Königlich-Jugoslawischen Exil-Armee hatte er in Nordafrika gekämpft. Als die Alliierten beschlossen, Tito zu unterstützen statt den König, verließ Simon die Armee und entschloss sich, dem Karmelitenorden beizutreten. Wir führten einige freundschaftliche Gespräche, aber im Grund war mein »katholisches Projekt« abgeschlossen.

Und doch gab es neben Anis und den Karmeliten noch einen weiteren Gesprächspartner in Stella Maris, der mich sehr faszinierte. Es handelte sich um einen Mann, der als Riadh Effendi angesprochen wurde, der jüngere Bruder des Oberhaupts der Bahai-Bewegung, deren Zentrale in Haifa war und ist. Diese Gespräche unterschieden sich grundlegend von denen mit Stanislao und den anderen Mönchen, und ich möchte noch gesondert davon berichten. Allerdings sollte ich hinzufügen, dass Anis, Stanislao und Riadh miteinander bekannt waren (wenn ich mich richtig daran erinnere, war es sogar Anis, der mich mit Riadh bekannt gemacht hat, der auch nach Stella Maris kam, um den Frieden und die Stille dort zu genießen); meine Gespräche mit den Dreien haben sich sogar manchmal überschnitten.

Persische Gärten

Es ist ein Zufall der Geschichte, dass Haifa zum Weltzentrum der Bahai wurde. Der Bahaismus wurde im 19. Jahrhundert von zwei iranischen Religionsführern begründet, die sich »Bab« und »Baha'u'llah« nannten. Der eigentliche Stifter ist aber Baha'u'llah. Der Bab wird von den Bahai als dessen Wegbereiter – ähnlich wie Johannes der Täufer im Christentum – betrachtet. Wie auch immer, Baha'u'llah musste aus dem Iran fliehen, als man dort begann, die Anhänger seiner Bewegung grausam zu verfolgen. Er fand in Bagdad Zuflucht (das damals Teil des Osmanischen Reiches war) und erklärte sich dort zum Propheten eines neuen Zeitalters, der eine Offenbarung von Gott erhalten hatte. Die Bahai erkennen wie die Moslems alle Religionsstifter als Propheten an, also Abraham, Moses, Jesus und Mohammed: Baha'u'llah ist also nicht der einzige Prophet. Die osmanischen Behörden befürchteten, dass der Religionsstreit aus dem Iran auf ihre eigene Provinz übergreifen könnte (den heutigen Irak, damals wie heute mehrheitlich von Schiiten bewohnt, also von Anhängern derselben Glaubensrichtung wie im Iran). Und so wurde Baha'u'llah in die damals osmanische Provinz Palästina verbannt, weit genug entfernt vom schiitischen Kerngebiet. Der Glaubensgründer lebte bis zu seinem Tod in einem freundlichen Haus in Bahji, einem Dorf in der Nähe von Acre am anderen Ende des Golfs von Haifa. Seinem Sohn, Abdul-Baha (der später um den Ersten Weltkrieg herum zwei Missionsreisen nach Amerika unternahm) wurde gestattet, aus Bahji nach Haifa zu ziehen.

Zur Zeit meiner Gespräche auf dem Karmel war Baha'u'llah noch in Bahji begraben, während sich die Grabstätten von Bab und Abdul-Baha in einem reizvollen Anwesen auf den Hängen des Karmel befanden, das man die »Persischen Gärten« nannte. Vor einigen Jahren ist es zum Weltzentrum der Religion geworden; die israelische Regierung hat diese Entwicklung unterstützt, weil sie dem Gedanken, dass noch eine weitere Weltreligion ihr Zentrum in Israel haben wollte, einiges abgewinnen konnte – noch dazu, wo abzusehen war, dass diese im Unterschied zu den anderen kaum politische Probleme verursachen würde. Das Oberhaupt der Bahai ist der so genannte *Guardian of the Cause of God* (»Hüter der Sache Gottes«). Zur Zeit meines Aufenthalts in Palästina hatte diese Funktion Shoghi Effendi inne, der ältere Bruder meines Freundes Riadh. Seit 1963 führt das Haus der Gerechtigkeit die internationale Gemeinde, die dem Hüter übergeordnet ist. Diese nüchterne Aufzählung von Fakten kann der komplexen und wirklich faszinierenden Geschichte des Bahaismus nicht gerecht werden, aber sie muss als Hintergrund dieses Abschnitts meiner Erzählung genügen.

Es ist gut möglich, dass ich zu dem Zeitpunkt, als ich mit Riadh Bekanntschaft schloss, gerade einem jugendlichen »Orientalismus« anhing, einer Bereitschaft, *ex oriente* große Weisheit zu erfahren. Dabei spielte der Geschichtsunterricht von Mr. King eine Rolle, der uns das Goldene Zeitalter der islamischen Zivilisation in leuchtenden Farben geschildert hatte. Auch mein Einfühlungsvermögen in die Kultur des Nahen Ostens spielte dabei eine Rolle, das der Umgang mit meinen arabischen Freunden ausgelöst hatte. Ich glaube, es war Miss Robinson, die mir empfahl, Fitzgeralds Übersetzung des *Rubaiyat* des persischen Dichters Omar Khayyam zu lesen. Übrigens haben Wissenschafter bewiesen, dass der Ausdruck »Übersetzung« in diesem Zusammenhang ein Euphemismus ist: Edward Fitzgerald hat hauptsächlich eine Nachdichtung von Khayyams Werk vorgelegt. Dieses kleine Buch wurde bei seinem Erscheinen im England des 19. Jahrhunderts sehr populär. Und so gab es vielleicht eine gewisse Gemeinsamkeit zwischen dem viktorianischen und meinem eigenen Orientalismus. Ich lernte einige der Fitzgerald/Khayyam-Vierzeiler auswendig und kann einige von ihnen bis heute – beispielsweise die wunderbaren Anfangsverse:

Awake, for morning in the bowl of night
Has thrown the stone that puts the stars to flight,
And the hunter of the east has caught
The sultan's turret in a noose of light.

Riadh und ich führten lange Gespräche in Stella Maris. Er war damals wohl Ende zwanzig, Anfang dreißig. Natürlich wollte ich einiges über die Bahai-Religion wissen, und Riadh gab diesem Wunsch nach, auch wenn klar war, dass er nie die Absicht hatte, mich zu missionieren. Er gab mir einige Bücher über die Bahai, als erstes eine Art Einführung, verfasst von einem britischen Konvertiten, J. E. Esslemont: *Baha'u'llah und das neue Zeitalter*. Riadh gab mir auch Bücher über den Sufismus, zuerst, glaube ich, Rumi (Dschalal ad-Din Muhammad Rumi war einer der bekanntesten persischen Mystiker des 13. Jahrhunderts). Ich war sehr interessiert und fragte, ob ich Shoghi Effendi kennen lernen könnte. Das erwies sich als unmöglich, aber einmal nahm mich Riadh in Shoghis ziemlich großartiges Haus in der – passenderweise – Persischen Straße mit, wo auch Riadh selbst wohnte. Dort empfing mich Shoghis Ehefrau, die Amerikanerin oder Kanadierin war. Sie wusste nicht wirklich, was sie mit mir anfangen sollte, sagte aber, dass sie sich über mein Interesse freute. Als ich ihr erzählte, dass ich bald nach Amerika gehen werde, sagte sie mir – mit einiger Erleichterung, vermute ich –, dass ich dort mit der wirklichen Bahai-Gemeinde in Verbindung werde treten können. In Haifa wäre das nämlich nicht möglich, und ich würde dadurch Gelegenheit bekommen, einen tieferen Glauben zu erfahren. Einmal fuhr Riadh mit mir auch nach Bahji, das mich durch seine Schlichtheit und Stille sehr beeindruckte. Am Weg zurück aßen wir in einem arabischen Café in Acre und machten einen Spaziergang entlang der imposanten Befestigungsanlagen der ehemaligen Kreuzfahrerstadt, die früher übrigens St. Jean d'Acre hieß.

Neben dem »Orientalismus« faszinierte mich am Bahaismus die Tatsache, dass es sich hier um ein konkretes Beispiel für einen nichtchristlichen Theismus handelt, der offensichtlich um vieles toleranter und rationaler als die verschiedenen Formen des Christentums ist, die ich kennen gelernt hatte. Aber mein Flirt mit den Bahai dauerte nicht lange. V. und M. haben ihn nie ernst genommen. M. war zwar damit nicht einverstanden, sagte aber wenig dazu. Und V. fragte mich jedesmal, wenn ich von einem Treffen mit Riadh nach Hause kam, wann ich denn endlich einen schönen Perserteppich mitbringen würde. Als ich aber ziemlich zögerlich eingestand, dass ich den Bahaismus anziehend fände, sprach sich V. gegen einen Austritt aus der anglikanischen Kirche aus. Natürlich habe ich all das auch mit Fritz Neumann besprochen, der wenig über die Bahai wusste. Ich gab ihm Esslemonts Buch zu lesen.

Er reagierte darauf mit ungewöhnlicher Heftigkeit und sagte, dass es sich eindeutig um eine sehr seichte, triviale Spielart einer mystischen Religion handelt. Er fügte noch hinzu, dass ich, wenn ich wirklich etwas über Mystizismus wissen wollte, besser Meister Eckhart oder Teresa von Avila lesen sollte (was ich zu gegebener Zeit auch getan habe), oder auch die großen Sufi-Meister (was mir natürlich Riadh schon längst empfohlen hatte).

Eines der Gespräche mit Riadh aber beunruhigte mich dann sehr. Er sagte, dass uns nur die großen Mystiker zu einer wahren Begegnung mit Gott führen könnten, dass dies überhaupt nur sehr wenigen Menschen gelänge und dass die so genannten Offenbarungsreligionen gerade gut genug wären für die Massen, denen ein tieferes religiöses Erlebnis ohnehin verschlossen bleibt. Ich fragte ihn, ob er zu Letzteren auch den Bahaismus zählen würde. Diese Frage gefiel ihm gar nicht, aber nach kurzem Zögern nickte er. Ich fand das ziemlich schockierend angesichts der Tatsache, dass sein bequemes Leben von dieser »Massenreligion« gesichert wurde. Dadurch wurde mir aber auch klar, warum Riadh (im Gegensatz zu Stanislao und den anderen Karmeliten) nur widerstrebend meinem hartnäckigen Interesse an seiner Religion nachgegeben hatte, die er eigentlich repräsentieren sollte.

Gegen Ende meines Aufenthalts in Haifa wurde mein Kontakt zu Riadh spärlicher. Nach meiner Abreise riss er vollkommen ab. Einige Jahre später hörte ich, dass Riadh von seinem Bruder exkommuniziert worden war (dem das zur Gewohnheit wurde); was aus ihm wurde, weiß ich allerdings nicht. Ich muss aber hinzufügen, dass ich weiterhin eine gewisse Sympathie für den Bahaismus hege. Als ich das erste Mal nach Chicago reiste, besuchte ich den großen Bahai-Tempel in Wilmette, Illinois; in Amerika schloss ich später auch Freundschaft mit einigen Bahai und ich bin über die Verfolgungen der Bahai durch die Islamische Revolution im Iran sehr empört.

Aber es gibt noch ein Tüpfelchen auf dem I zu dieser Geschichte: Als ich in New York studierte, lernte ich einen alten Iraner kennen, der, wie sich herausstellte, Abdul-Bahas Dolmetscher auf einer seiner Missionsreisen durch Amerika gewesen war. Ahmad Sohrab (der übrigens ebenfalls von Shoghi Effendi exkommuniziert wurde) hatte damals ein Tagebuch geführt, in dem er auf Englisch alles aufgezeichnet hatte, was auf der Reise geschah. Die Aufzeichnungen waren handschriftlich und füllten mehr als zwanzig Hefte. Das war eine großartige Primärquelle. Ich war gerade auf der Suche nach einem Dissertationsthema und entschloss mich daher, über den Wandel des Bahaismus von einer messianistischen revolutionären Idee im Iran zu einer friedlichen Sekte in Amerika zu schreiben. (Die Dissertation war eine etwas geistlose Auslegung des Materials in Anlehnung an Max Webers *Die Veralltäglichung des Charisma*. Obwohl diese Dissertation einen unwichtigen Beitrag zur Religionssoziologie darstellt, habe ich viel gelernt, als ich sie schrieb, und zwar nicht nur über das von mir behandelte Thema aus der Religionsgeschichte, sondern über die kognitive und emotionale Dynamik von charismatischen Bewegungen. Das aber ist eine ganz andere Geschichte.) Letztendlich bin ich dann doch aus der anglikanischen Kirche ausgetreten, aber weder um Perserteppiche zu erwerben, noch den Mystizismus, der so oft mit ihnen einhergeht.

Pastor Bergs Bibliothek

Mit ihr ist ein Abschnitt aus diesen Lebensjahren verbunden, der viel weniger exotisch anmutet als so manches, worüber ich bisher geschrieben habe. Dennoch ist er merkwürdig, wenn man bedenkt, wie ein paar herrenlose Bücher einen derart wichtigen Einfluss auf mich hatten. Ich habe schon erwähnt, dass ich nach der Übernahme der Deutschen Kirche durch die Presbyterianer in Haifa die Erlaubnis erhielt, mir jene Bücher auszuborgen, die Pastor Berg zurückgelassen hatte. Ich tat das auch einige Monate lang. Alle diese Bücher waren natürlich auf Deutsch. Ich erinnere mich noch an die Schuldgefühle, die ich hatte, weil ich in der Bibliothek eines mir unbekannten Mannes herumstöberte – bis heute weiß ich nicht, ob ich ihn jemals gesehen habe.

Alle Bücher, die ich mir lieh, befassten sich mit der lutherischen Theologie oder mit dem so genannten Deutschen Kirchenkampf der 1930er Jahre, als die protestantischen Kirchen durch die Einbeziehung nationalsozialistischen Gedankengutes in ihre Glaubenssätze entzweit wurden.

Ganz besonders beeindruckte mich Karl Heims *Das Wesen des Evangelischen Christentums*. Ich glaube, dass ich auch Karl Holls Essay-Band über Martin Luther und Auszüge aus Werner Elerts *Morphologie des Luthertums* gelesen habe. Zwischen 1933 und 1935 sind die wichtigsten Dokumente des Kirchenkampfs in einer Buchreihe mit dem Titel *Bekenntnisse* veröffentlicht worden. Darin wurden die wichtigsten Texte der so genannten »Deutschen Christen« abgedruckt, die sich der nationalsozialistischen Ideologie verschrieben hatten, aber auch die Schriften ihrer Gegner, der so genannten »Bekennenden Kirche«. Die einflussreichste Bekenntnisschrift der »Bekennenden Kirche« war die »Barmer Erklärung«, die vor allem der Gleichschaltung durch den nationalsozialistischen Staat massiv entgegentrat, darüber hinaus aber jedem totalen Staat und seinen Ansprüchen an eine Weltanschauung, die in Konkurrenz zum christlichen Bekenntnis tritt, eine Absage erteilte. Weiters wurde das Alte Testament als integraler Bestandteil der christlichen Bibel festgeschrieben, weshalb der jüdische Anteil am Christentum als Teil des Wortes Gottes verstanden wird. »Rasse« (im nationalsozialistischen Sinn) ist weder Kriterium für eine Kirchenmitgliedschaft noch für ein Kirchenamt. Kein Staat hat das Recht, sich in den Auftrag der Kirche einzumischen.

Als ich diese Texte las, waren meine Kenntnisse über diese zeitgeschichtlichen Ereignisse gering. So habe ich auch nicht verstanden, dass die »Bekennende Kirche« nicht gegen die Nazi-Politik als solche opponierte, sondern nur die Einmischung des Regimes in Glaubensinhalte und Kirchenverfassung abzuwehren suchte. Ich wusste weiters nicht, dass die Geschichte der »Bekennenden Kirche« eine sehr kurze war. Die Nationalsozialisten gaben schon wenige Jahre später ihre Unterstützung für die »Deutschen Christen« auf, und die meisten kirchlichen Vertreter der verschiedenen protestantischen Landeskirchen arrangierten sich mit dem Regime (auch wenn sich einige Landeskirchen und eine beträchtliche Anzahl örtlicher Gemeinden als Angehörige der Bekennerbewegung verstanden). Ich habe damals auch nicht gewusst, dass ein Teil dieser Texte, darunter auch die »Barmer Erklärung«, die maßgeblich vom evangelisch-reformierten Theologen Karl Barth ausgearbeitet war, eher reformiert als lutherisch sind. Ich erkannte aber durch meine Lektüre, wie sehr lutherisches Denken und Frömmigkeit Menschen zum Widerstand gegen eine zersetzende Ideologie bringen kann. Darin wenigstens irrte ich mich nicht, auch wenn ich von einem viel zu hohen Anteil an Personen im Widerstand ausging. Ich wusste damals auch noch nichts von jenen Mitgliedern der »Bekennenden Kirche«, die vom kirchlichen zum politischen Widerstand gegen die Nazi-Diktatur wechselten. Dietrich Bonhoeffer ist der bekannteste Vertreter dieser Gruppe.

Ich kann heute nicht mehr sagen, welche Seite des Luthertums mich damals am meisten faszinierte. Kurz gefasst wird Luthers Theologie oft mit dem vierfachen *sola/solus* systematisiert: *sola scriptura*: »Allein die Heilige Schrift«, *sola gratia*: »Allein durch Gnade«, *sola fide*: »Allein durch Glaube«, *solus Christus*: »Allein Jesus Christus«. Mir gab *sola fide* ein Gefühl der Befreiung – genau das, was Luther mit seiner Schrift *Von der Freiheit eines Christenmenschen* beabsichtigte. Ich glaube, dass ich damals zumindest in Ansätzen die »Lehre von den zwei Reichen« verstanden habe, die im Wesentlichen als Forderung nach der deutlichen Trennung zwischen Religion und Politik zu verstehen sind. Schließlich wollte Luther durch die ausschließliche Orientierung an Jesus Christus als dem fleischgewordenen Wort Gottes den Legalismus der katholischen Kirche verwerfen. Eines ist aber klar: Die Bücher, die ich aus Pastor Bergs Bibliothek entlieh, passten gut zu den Erkenntnissen, die ich aus Möhlers *Symbolik* bezogen hatte. Durch sie erhielt ich einen ersten rudimentären Anstoß, mich mit dem pietistischen und doch lutherischen Glauben zu befassen, dem ich in der Schule der Schweizer Mission am Karmel zuerst begegnet war.

Was damals in mir vorging, ließe sich mit folgendem Paradoxon erklären: Ohne mit einem einzigen Lutheraner Kontakt gehabt zu haben, dachte ich mir ein Luthertum aus. Es war allerdings ein von der Vernunft geprägter Nachbau und später verstand ich, dass er nicht dem Original entsprach. Aber ich würde sogar heute noch sagen, dass ich gefühlsmäßig nicht weit daneben lag. Folglich konnte ich, als sich mein Wissen über das Luthertum im Lauf der Jahre vertiefte, meine ursprünglichen Erkenntnisse verifizieren. Obwohl inzwischen mein theologisches Verständnis viel liberaler geworden ist und ich daher das Augsburger Bekenntnis nicht mehr voll unterschreiben kann, würde ich sagen, dass ich trotz vieler Vorbehalte viel mehr lutherisch bin als irgendetwas anderes Christliches. Vielleicht habe ich damals – möge Spinoza es mir verzeihen – meine *anima naturaliter lutherana* entdeckt.

All das hatte Auswirkungen auf mein praktisches Leben. Ich wollte nicht anglikanisch konfirmiert werden, sondern damit so lange zuwarten, bis ich in eine lutherische Kirche gehen konnte. Als ich mich entschloss Pfarrer zu werden, war klar, dass ich ein lutherischer sein würde. Zwischen unserer Abreise aus Palästina und unserer Ankunft in Amerika verbrachten wir einige Monate in Frankreich. Ich machte in Paris den lutherischen Bischof ausfindig, einen Herrn mit dem merkwürdigen Namen Wheatcroft (zu Deutsch: »Weizenfeld«). Ich ließ mir einen Termin geben und erzählte ihm von meinen Plänen. Er muss wohl einigermaßen verblüfft gewesen sein über diesen jungen Mann, der sich in schlechtem Französisch als Lutheraner in spe vorstellte. Glücklicherweise sprach Wheatcroft, dessen Namen sehr wohl auf seine Herkunft verwies, ausgezeichnet Englisch. Er war sehr liebenswürdig und wir trafen einander noch mehrere Male. Ich nahm auch an ein paar Gottesdiensten in seiner Kirche teil. Als ich endlich in New York angekommen war, verfolgte ich mein lutherisches Projekt mit hartnäckiger Zielstrebigkeit (sehr zur Verwunderung von V.s Verwandten, bei denen wir die erste Zeit über wohnten). Ich machte die nächstgelegene lutherische

Kirche ausfindig und hatte dabei großes Glück, denn ich hatte keine Ahnung vom amerikanischen Luthertum: Sie gehörte der Vereinigten Lutherischen Kirche in Amerika, »United Lutheran Church in America« (ULCA) und nicht zu der ultrakonservativen »Missouri Synod«. Ich ging zu ihrem Pfarrer, einem gewissen Pastor Hines. Ich glaube, auch er wusste nicht genau, was er mit diesem hochmotivierten pubertären jungen Mann machen sollte (ich war gerade erst 17), aber nach einigen Gesprächen konnte ich ihn davon überzeugen, dass ich nicht verrückt bin. Bei einer kleinen Feier konfirmierte er mich in seiner Kirche in Washington Heights, Upper Manhattan, deren Mitglied ich dann wurde. Weder V. noch M. vollzogen diesen Schritt mit mir, aber sie hatten auch nichts dagegen.

Wie es der Zufall wollte, gehörte Pastor Hines dem Komitee für die Bestellung des Pfarrernachwuchses der damaligen New Yorker Synode der ULCA an. Aufgrund meiner Anhörung und Pastor Hines Empfehlung wurde ich aufgenommen. So war ich nur wenige Wochen nach meiner Ankunft in Amerika offiziell beglaubigter Lutheraner und angehender lutherischer Pastor. Die daraus resultierenden Konsequenzen – mein Studienjahr am Lutherischen Theologischen Seminar in Philadelphia, meine wachsenden Zweifel sowohl an der lutherischen Orthodoxie als auch an meiner eigenen Berufung zum Seelsorger und mein endgültiger Rückzug aus dem Projekt – gehören nicht hierher. Aber ich möchte betonen, dass diese spätere Geschichte keineswegs jene – sagen wir – lutherische Frömmigkeit und Denkweise entwertet, die ich mir damals in den 1940er Jahren im völlig unlutherischen Milieu von Haifa angelesen hatte.

Ich habe nie herausgefunden, was mit Pastor Berg während und nach dem Krieg geschehen ist. Ich wüsste nicht, wie er von den Auswirkungen seiner hinterlassenen Bibliothek hätte erfahren können. Von dem Wenigen, das ich über ihn weiß, nehme ich aber an, dass es ihn gefreut hätte.

Rasse: österreichisch

Die britischen Behörden verlangten von jedem Einwohner Palästinas über 16 einen Identitätsausweis. Wenn man aus irgendeinem Grund von den Sicherheitskräften angehalten wurde und kein solches Dokument vorweisen konnte, führte das zu erheblichen Schwierigkeiten. Als ich den bewussten Geburtstag erreichte, ging ich im August 1945 aus diesem Grund auf die Polizeihauptwache von Haifa. Ich hatte einen Brief von Mr. Morton bei mir, dem Rektor der anglikanischen Kirche, die ich sporadisch besuchte. Darin bestätigte er mir, dass ich Anglikaner und Gemeindemitglied war. Ich füllte ein Antragsformular aus und erhielt ordnungsgemäß meinen Identitätsausweis.

Während ich diese Zeilen schreibe, liegt dieses Dokument vor mir. Es ist ein gelblich-braunes Stück Karton, in der Mitte gefaltet. Auf der Vorderseite steht: »Government of Palestine – Identity Card«. Alle Einträge auf dem Ausweis sind Englisch – was ungewöhnlich ist, denn für Regierungsdokumente benützte man normalerweise alle drei offiziellen Sprachen, Englisch, Arabisch und Hebräisch. (Mr. King hat einmal darauf hingewiesen, dass es auch zur Zeit Jesu Christi drei offizielle Sprachen gab, aber Hebräisch ist die einzige, die es bis in heute geblieben ist.)

Wahrscheinlich ist der einsprachige Identitätsausweis hauptsächlich für die Sicherheitseinheiten bestimmt gewesen. Wenn man den Ausweis öffnet, gibt es links eine Fotografie, die mich mit feierlichem Blick in Hemd, Krawatte und Pullover zeigt. Darunter mein voller Name – Peter Ludwig Berger. Neben dem Foto steht der eher besorgniserregende Eintrag: »Der Besitz dieses Ausweises gilt nicht als Nachweis eines rechtmäßigen Aufenthalts in Palästina.« Dieser Hinweis traf vollkommen auf mich zu, denn unsere Touristenvisa, die uns die Einreise nach Palästina erlaubten, waren damals schon längst abgelaufen. Auf der rechten Seite stehen die üblichen Personenangaben – Adresse, Größe, Augenfarbe, Haarfarbe; der Körperbau wird mit »medium/mittel« angegeben. Bei »Beruf« steht »Student«. Aber die im wörtlichen Sinn »pièce de résistance«, ist die Eintragung unter »Rasse«, womit die Briten einfach den ethnischen Hintergrund des Ausweisbesitzers meinten. Meistens stand dort »Araber« oder »Jude«. In meinem Fall wird meine »Rasse« – in der selbstbewussten Handschrift des britischen Polizisten, der den Ausweis ausgestellt hat – als »österreichisch« bezeichnet.

Ich weiß nicht mehr, wann ich beschlossen hatte, mich

so zu bezeichnen. Ich kann mich auch nicht erinnern, was V. und M. als »Rasse« in ihren Identitätsausweisen eingetragen hatten, vermutlich »jüdisch«, um den Weg des geringsten Widerstands zu gehen. Meinen meisterlichen Eintrag habe ich mir selbst zuzuschreiben. Ich weiß noch, dass der britische Polizist leicht verwundert war, als er mein Antragsformular und Mr. Mortons Brief durchlas. Er fragte mich: »Sind Sie Österreicher?« Mit fester Stimme antwortete ich: »Ja.« Die britischen Polizisten in Palästina kamen nicht gerade aus den ersten Bildungsanstalten des Vereinigten Königreichs, und dieser spezielle war vielleicht nicht einmal ganz sicher, was denn überhaupt ein Österreicher sein sollte. (Vielleicht eine Unterkategorie der Armenier, die ihm wahrscheinlich als Ethnie schon untergekommen war.) Er zuckte nur mit den Achseln und füllte den Ausweis so aus, wie ich ihn beantragt hatte. (Ich versuche mir vorzustellen, was ihm dabei durch den Kopf ging: Da ist der Knabe, sogar mit Krawatte, spricht recht präzises Englisch – Miss Robinson hatte ihre Sache gut gemacht – und der gibt also vor, dass er ein österreichisches Mitglied der Anglikanischen Kirche ist. Was zum Teufel geht mich das an! Er schaut ja nicht gerade wie ein Terrorist aus.) Ich erinnere mich daran, dass ich die Polizeiwache mit einem Hochgefühl der Überlegenheit verlassen habe. Und so wurde mir in einer hinteren Provinz des britischen Königreichs offiziell attestiert, dass ich zu einem Land gehörte, das damals schon sieben Jahre lang nicht mehr existierte.

Anlässlich einiger Gastvorlesungen in Israel in den

1970er Jahren kam ich kurz in Haifa vorbei. Meinen Gastgebern hatte ich über meine Beziehung zu dieser Stadt nichts erzählt. Ich bat, mich nach Bat Galim zu fahren. Ich hatte nicht viel Zeit, aber ich spazierte ein bisschen herum und fand auch unser damaliges Wohnhaus in der Straße, die immer noch Blue Coast hieß. Es sah sehr schäbig aus. Bei einer anderen Gelegenheit sah ich von ferne das Gebäude, in dem die St.-Lukas-Schule untergebracht war. Man sagte mir, dass es mittlerweile etwas wie ein Erholungsheim für israelische Soldaten ist. Ich war nicht besonders beeindruckt von meinem Kurzbesuch in Haifa, bis auf eine einzige Ausnahme: Man fuhr mich zu einem Termin am Highway zwischen Bat Galim und dem Fuß des Karmels. Plötzlich erkannte ich ein kleines Haus am Straßenrand wieder. Es war genau die Stelle, an der ich immer auf den Bus gewartet habe, der mich in die St.-Lukas-Schule brachte. Für einige Augenblicke schien es mir, als könnte ich den komplizierten jungen Menschen sehen, der vor vielen Jahren dort gestanden ist.

Wie könnte man die Anerkennung nennen, die ein Mann in seinen Vierzigern seinem ehemaligen pubertären Selbst entgegenbringt? Auch wenn es gegen die Verwandtschaftsverhältnisse verstößt, würde ich es eine brüderliche Geste nennen. Was ich ohne erhobenen Zeigefinger meine: Ich sehe dich. Du warst in Ordnung. du hast das Richtige gemacht.

»Die individuellen Möglichkeiten der Selbstbestimmung im historischen und sozialen Kontext sind beschränkt und dennoch gibt es sie.«.

Kurzer theoretischer Einschub

Ich gebe Goethe Recht: »Grau ist alle Theorie! Und grün des Lebens goldner Baum!« Der hier von mir vorgelegte Text beschäftigt sich mit dem Leben, nicht mit der Theorie. Aber als Soziologe, der hoch in den Siebzigern ist, blicke ich auf ein Berufsleben zurück, das sich großteils der Erarbeitung verschiedener Theorien in den Sozialwissenschaften gewidmet hat. Eines meiner bekanntesten Bücher, das ich gemeinsam mit Thomas Luckmann geschrieben habe und das 1966 erschienen ist, heißt *Die gesellschaftliche Konstruktion der Wirklichkeit*. (Es ist sogar als »kleiner Klassiker« bezeichnet worden.) Natürlich sind auch Theorien soziale Konstrukte; das heißt, dass sie unter den gerade passenden gesellschaftlichen Umständen entstehen und dadurch glaubhaft sind. Daraus folgt die Frage, wie die Erfahrungen meiner Kindheit und Adoleszenz meine Weltauffassung beeinflussten und folglich meinen persönlichen Zugang zur theoretischen Arbeit formten.

Ich möchte hier nicht missverstanden werden. Ich bin in keiner Weise Anhänger irgendeines psychologischen oder soziologischen Determinismus, demzufolge alle Theorien – auch die sozialwissenschaftlichen – nichts anderes sind als intellektueller Ausfluss persönlicher Bedürfnisse oder Interessen. In meinem Alter bin ich kein Verfechter mehr von Orthodoxien, außer dem Weberianismus, dem ich mich seit meiner Studentenzeit verschrieben habe. Das heißt, in absoluter Treue zu Max Weber glaube ich an die »wertfreie« Sozialwissenschaft. Wissenschaft hat ihre eigenen, objektiven Gültigkeitskriterien, unabhängig vom persönlichen Hintergrund des Wissenschafters. Deshalb können Menschen mit unterschiedlichen Lebensgeschichten auch Lehrsätzen zustimmen, die ich mache, und umgekehrt hätte ich zum selben Ergebnis kommen können, auch wenn mein Leben ganz anders verlaufen wäre. Für mich ist mein alter Kollege und Freund Thomas Luckmann ein typisches Beispiel für das eben Gesagte. (Während ich diese Zeilen schreibe, ist er gerade bei mir zu Gast und Zeuge eines Schneesturms, der uns gerade unter einem halben Meter Schnee begräbt.) Seine Herkunft und sein Lebenslauf unterscheiden sich wesentlich von dem meinen, und dennoch gelang uns gemeinsam unser »kleiner Klassiker« sowie einige andere Arbeiten. Wie dem auch sei, ich frage mich, ob es Erkenntnisse gibt, die sich aus meiner Biografie ergeben und die mich zur Sozialwissenschaft geführt haben. Ich werde versuchen sie zu beschreiben:

Die Begrifflichkeit und die Wertigkeit in den menschlichen Gesellschaften sind vielfältig. Sprache ist ein wesentlicher Schlüssel zum Verständnis dieser Vielfalt. Und auch Lebensgeschichte und Weltgeschichte sind fest ineinander verwoben. Das bedeutet, dass unsere kleinen Leben entscheidend von unberechenbaren Mächten bestimmt werden – weit abseits unseres Einflussbereiches. Jede menschliche Ordnung ist zerbrechlich und deshalb umso kostbarer. Kollektive Identitätszuweisungen sind willkürlich und einem Wandel unterworfen. Kollektive Sicherheiten sind gefährlich, ja potenziell mörderisch. Die individuellen Möglichkeiten der Selbstbestimmung im historischen und sozialen Kontext sind beschränkt und dennoch gibt es sie. Das sind Momente der Freiheit. Diese Augenblicke sind süß wie Honig und ebenso kostbar. Eine Gesellschaft, die solche Freiheit zulässt, ist einer solchen vorzuziehen, die sie verweigert.

Natürlich hätte ich mit 17 solche Aussagen nicht machen können. Trotzdem waren sie da, in einem embryonalen Zustand zwar, aber, wenn man so will, als Vorform einer Theorie. Ich habe hier viel über die Ursprünge meiner religiösen Überzeugungen geschrieben und muss daher nicht mehr darüber sagen. Ergänzend möchte ich nur kurz und bündig meine politische Einstellung als »skeptischen Konservatismus« bezeichnen. Für mich ist das eine Werteordnung, die mit einer tiefen Skepsis gegenüber jeglicher Ideologie gepaart ist. Das erklärt, warum ich mich in Amerika sofort zu Hause gefühlt habe – von dem Augenblick an, als ich meinen Fuß auf amerikanischen Boden gesetzt habe – und es erklärt auch, was ich seither für Amerika empfinde.

Ich bemerke gerade, dass ich ins Grau der Theorie abgleite. Ich muss diesen Einschub beenden, bevor ich zu sehr theoretisiere.

»Wieder kam es mir wie ein Wunder vor: Ich war in Amerika und neue Abenteuer kamen auf mich zu«: während des Dienstes in der US-Armee, 1954 (stehend, 2.v.l.)

Befreiungen

Ein wichtiger Begriff im Zionismus ist die *Alija* (hebräisch: »Aufstieg«, »Aufruf«, auch »Pilger- oder Wallfahrt«). Er bezieht sich auf die Einwanderung von Juden in das Gelobte Land. Trotz all der Unterdrückung und des Leids, das die jüdische Geschichte jahrhundertelang kennzeichnete und das in den Jahren des Nationalsozialismus seinen schrecklichen Höhepunkt erfuhr, schwingt Hoffnung in dem Wort mit. Trotz aller Kritik am Zionismus und seiner Umsetzung heutzutage – besonders im Hinblick auf den Konflikt mit den Palästinensern – sollte man gerade diesen Aspekt anerkennen. Bei allem Respekt muss ich aber sagen, dass ich so etwas wie eine Gegen-Alija erfahren habe. Denn ich verließ Israel, und mein Gelobtes Land war Amerika.

1924 wurde die Einwanderung in die USA zum ersten Mal einer Quote unterworfen. Die beschlossenen Quoten sollten die Einwanderung aus Süd- und Osteuropa zugunsten der Einwanderung aus Nord- und Westeuropa eindämmen und ganz allgemein den »weißen« Charakter der Bevölkerung sichern. Dazu wurde die Zahl der Neueinwanderer pro Land auf zwei Prozent des Anteils an der Bevölkerung von 1890 begrenzt. Uns betraf das insofern, als wir schon seit acht Jahren auf die Erlaubnis zur Einreise warteten. Im Sommer 1945 informierte uns das amerikanische Konsulat, dass uns Quoten-Nummern zugeteilt wurden. Voraussetzung war ein »Affidavit«, also eine eidesstattliche Unterstützungserklärung, in unserem Fall der Schwestern V.s, die schon vor dem Krieg nach New York übersiedelt waren. Das Problem war allerdings, dass es keine Schiffskarten gab, Visa aber nur erteilt wurden, wenn man nachweisen konnte, dass man die Reise tatsächlich antreten konnte. Die folgenden Monate wurden von einer Stimmung ungeduldigen Wartens beherrscht. Einmal sah es so aus, als ob ich allein vorausfahren könnte. Der Vater eines amerikanischen Mitschülers an der St.-Lukas-Schule hatte Beziehungen zu einem Schifffahrtsunternehmen und verschaffte mir eine Stelle als Deckhelfer auf einem Handelsschiff. Ich wäre wohl kein sehr effizienter Hilfsarbeiter gewesen, aber ich fuhr nach Jerusalem (zum ersten Mal allein, meinen »österreichischen« Identitätsausweis eng an mich gepresst, den man mir einige Monate vorher ausgestellt hatte). Es war umsonst: Am Konsulat teilte man mir mit, dass Familien gemeinsam reisen müssten und dass mir allein kein Visum ausgestellt werden kann. Enttäuscht fuhr ich nach Haifa zurück.

Inmitten all dieser Hektik machte ich eine metaphysische Erfahrung. Als ich einmal bis spät in die Nacht las, war ich plötzlich von der Überzeugung erfüllt, zum Dienst an der christlichen Kirche berufen zu sein – wenig überraschend nach der Beschäftigung mit theologischen Fragen in all den Jahren davor. Damals verstand ich es als Ruf Gottes und war sehr glücklich. Nun hatte ich einen klar umrissenen Lebensplan. Ich bastelte mir meinen persönlichen theologischen Identitätsausweis als geheiligtes Gegenstück zu jenem, den mir die Behörden Palästinas ausgestellt hatten. Auf ein Stück Karton klebte ich das kleine Kreuz, das mir die freundliche Nonne auf der Via Dolorosa gegeben hatte und schrieb darauf: »Gott will es!« Zwar handelte es sich dabei um den Schlachtruf, mit dem durch das Konzil von Clermont 1095 der Erste Kreuzzug seinen Anfang nahm – *Dieu le veult!* (all diese Einzelheiten hatte mir Mr. King beigebracht), ich war jedoch vom Ruf Gottes überzeugt und war bereit, genau das zu tun. Ich musste nun unbedingt wissen, was sich im Luthertum damals tat – kein leichtes Unterfangen in den ersten Nachkriegsmonaten in Haifa. Irgendwie gelang es mir, eine protestantische Kirchenzeitung aus der Schweiz zu abonnieren, was wenig hilfreich war – sie war eher reformiert als lutherisch und enthielt hauptsächlich Nachrichten aus der Schweiz. Hie und da gab es aber Artikel über die theologischen Entwicklungen im deutschsprachigen Protestantismus.

Vom amerikanischen Konsulat erfuhren wir Mitte 1946, dass die uns zugewiesenen Quotennummern nur bis zu einem gewissen Stichtag ihre Gültigkeit behalten würden. Inzwischen hatten wir Schiffskarten aus Palästina zumindest bis nach Europa bekommen (was dem Konsulat zu genügen schien), aber es gab nun eine neue Hürde: Man musste eine Bestätigung des Protektorats in Palästina vorweisen können, dass keinerlei strafrechtliche Untersuchungen gegen einen von uns anhängig waren. Der Stichtag rückte immer näher, und wir hatten das Dokument noch nicht erhalten. Ich war ziemlich verzweifelt. Ich betete um ein Zeichen, dass uns die Ausreise gelingen möge. Das Zeichen kam – zumindest habe ich das geglaubt. Ich hatte eine weitere angebliche Offenbarung, durch die ich zur Überzeugung kam, ich würde (gottgewollt) meine Ausbildung zum lutherischen Pfarrer in den USA machen können. Doch zunächst mussten wir aufgrund der steigenden Terrorgefahr in Israel befürchten, nicht einmal nach Jerusalem fahren zu können, um unsere Visa abzuholen.

Der Stichtag war verstrichen. Mit treffsicherer Erbarmungslosigkeit traf das Dokument der palästinischen Behörden am Tag danach bei uns ein. Wir nahmen an, dass wir nun nicht ausreisen werden können. Obwohl ich schrecklich enttäuscht war, entschloss ich mich, das Beste aus dem sich dahinziehenden Aufenthalt in Palästina zu machen. Ich bewarb mich um ein Praktikum in der Barclay's Bank in Haifa. Zum Glück musste ich die Stelle nie antreten, denn ein paar Tage später erhielten wir ein Telegramm vom amerikanischen Konsulat, dass unsere Quotennummern noch einige Zeit über den Stichtag hinaus ihre Gültigkeit behielten und man unsere Visa doch noch ausstellen würde. Für mich war all das die Bestätigung des Zeichens, das ich einige Tage zuvor glaubte erhalten zu haben .

Das Telegramm kam an einem Freitag. Da wir Terroranschläge befürchteten, fuhren M. und ich am nächsten Tag nach Jerusalem, obwohl uns klar war, dass das Konsulat bis Montag geschlossen sein würde. Wir stiegen in einer schäbigen Pension ab. Am Sonntagmorgen besuchten wir den Gottesdienst in der presbyterianischen Kirche in Jerusalem, wo Mr. Clark-Kerr (derselbe, der mich die Bibliothek von Pastor Berg hatte benützen lassen) nun Pfarrer war. Da kam es zu einem Zwischenfall. Die Kirche war von Polizisten und Soldaten in Panzerwagen umstellt, weil auch der britische Hochkommissar für Palästina den Gottesdienst besuchte. Plötzlich regnete es Handzettel, die eine jüdische Untergrundbewegung von einem Dach abgeworfen hatte. Nun schwärmten die Soldaten aus, um die Übeltäter zu stellen. Da sahen wir zu unserer Überraschung Fritz Neumann und seine Frau. Ich wusste zwar, dass die beiden ihren Urlaub in Jerusalem verbrachten, hatte aber nicht erwartet, sie hier zu sehen. Ich hatte Fritz nicht nur von dem versäumten Stichtag geschrieben, sondern auch von meiner Berufung. Erst nach dem Gottesdienst konnte ich mit ihm sprechen. Er war natürlich auch sehr überrascht, uns zu sehen. Während M. sich mit Frau Neumann unterhielt, nahm Fritz mich zur Seite und schalt mich wegen der Geschichte mit dem Zeichen Gottes. Er erinnerte mich an Kierkegaards *Das Buch über Adler* und dessen Kernaussage, dass eine geniale Begabung noch keineswegs die Berufung zum Apostel Christi bedeutet. Fritz wiederholte natürlich den klassischen protestantischen Standpunkt, dass wir Gott nur in seinem Wort begegnen können – und nirgendwo anders. Daraus folgt, dass man die Entscheidung, in den Dienst der Kirche zu treten, nur aus wohl überlegten Gründen treffen kann und nicht, weil man glaubt, irgend ein wunderliches Zeichen erhalten zu haben. Ich stimmte ihm zwar zu, wusste aber, dass ich auch rational zu derselben Entscheidung gekommen wäre. Also sah ich keinerlei Veranlassung, meine Lebensplanung zu ändern, die ich nun schon seit einem Jahr klar vor mir sah. Es war genauso wie beim Laufen: Hat man einmal angefangen, kann man nicht mehr aufhören. Und so rannte ich in all den folgenden Monaten weiter, rannte bis hin zum Nachwuchskomitee der New Yorker Synode der ULCA, und rannte auch noch einige Zeit danach immer weiter.

Am Montag nach meiner Begegnung mit Fritz in Jerusalem konnten wir schließlich unsere Visa vom amerikanischen Konsulat abholen. Endlich stand unserer Abreise nichts mehr im Wege.

Wir schifften uns im Herbst 1946 auf einem rumänischen Handelsschiff nach Marseille ein. Soweit ich mich erinnern kann, waren nur wenige Passagiere mit uns an Bord. Das Schiff lief am frühen Abend aus. Ich blieb an Deck und schaute zu, wie Haifa in der Entfernung immer kleiner und kleiner wurde. Schließlich sah man nur mehr ihre Lichter. Ich war sicher, dass das letzte Licht, das ich noch erkennen konnte, jenes von der Spitze des Karmel sein musste, wahrscheinlich jenes vom Marinestützpunkt neben dem Kloster Stella Maris. Ich fühlte mich ungeheuer befreit. Meine ganz persönliche Alija hatte begonnen.

Ich schlief nur kurz. Als ich erwachte, bewegte sich das Schiff nicht mehr. Ich ging wieder an Deck und sah, dass wir im Hafen von Beirut vor Anker lagen. Wir durften nicht an Land gehen, aber das Panaroma der libanesischen Hauptstadt war schön. Am meisten freute ich mich über den sichtbaren Beweis dafür, dass wir Palästina verlassen hatten. Noch am selben Tag stach das Schiff wieder in See. Die Überfahrt nach Marseille dauerte fast zwei Tage. Wir passierten die Straße von Messina schon in der Dunkelheit. Man konnte zwar fast nichts sehen, aber M. war ganz aufgeregt, dass wir ihrem geliebten Italien so nahe waren.

Die Ankunft in Marseille war geräuschvoll und verwirrend. Wir hatten französische Transitvisa, also gab es keine Probleme, aber die Formalitäten bei Einreise und Zoll dauerten lang. Kaum an Land gingen wir sofort zu einem recht schmierigen Reisebüro namens »Oceania«, das eigentlich unsere Weiterreise nach Amerika hätte organisieren sollen. Dort teilte man uns aber mit, dass die Hafenarbeiter in Amerika streikten und daher alle Häfen an der Ostküste so gut wie geschlossen waren. Es gab deshalb keine Schiffe, die von Marseille nach Amerika fuhren. Der Mann im »Oceania« schlug uns vor, sofort nach Paris weiterzureisen und zu schauen, was ihre dortige Zentrale für uns tun kann. Wir aßen früh in einem vietnamesischen Restaurant zu Abend (was ich recht exotisch fand) und nahmen dann den Nachtzug nach Paris. Er war überfüllt und unbequem – aber das war mir gleichgültig: Nichts auf der Welt konnte mein überschäumendes Glück trüben, dass wir in Europa und unterwegs waren.

Früh morgens kamen wir auf dem Pariser Gare de Lyon an. V. ließ uns von einem Gepäckträger zu einem nahe gelegenen Hotel bringen. Es war ein kleines, heruntergekommenes Etablissement. Für mich war es der spannende Ausgangspunkt meiner beginnenden Erkundungen in Europa. Dem Hotel gegenüber lag eine Volksschule. An ihrem Tor wehte die französische Fahne über der Inschrift »Liberté – Égalité – Fraternité« – man konnte deutlich erkennen, dass die drei Begriffe nach der Befreiung von der Nazi-Herrschaft frisch angebracht worden waren. Wir mussten uns bei der Polizeistation des Viertels melden, dort bekamen wir Lebensmittelmarken, die in Geschäften und Restaurants für Waren galten, die es auch noch zwei Jahre nach dem Ende der deutschen Besatzung kaum zu kaufen gab.

Wie blieben rund zwei Monate in Paris und warteten auf eine Möglichkeit, uns nach Amerika einzuschiffen. Ich erinnere mich nicht daran, wie sich V. und M. die Zeit vertrieben haben. V. ging regelmäßig ins Reisebüro »Oceania«, das genauso schäbig wie in Marseille, aber nahe der Madeleine gelegen war, aber jedes Mal wurde ihm wieder mitgeteilt, dass es keine Schiffspassagen gibt. Wir kannten niemanden in Paris, aber unsere New Yorker Verwandten gaben uns den Namen einer Amerikanerin bekannt, die für die *Herald Tribune* arbeitete. Diese wiederum empfahl uns an einen ihrer Bekannten weiter, einen angeblichen Helden der Résistance, der einer Agentur für Flüchtlingshilfe vorstand und vielleicht wusste, wie man zu Schiffspassagen kommen könnte. Ich begleitete V. ins Büro dieses Herrn. Er war etwas erstaunt über unseren Besuch, da wir seinen Vorstellungen von Flüchtlingen nicht entsprachen. (Wie sich herausstellte, arbeitete diese Agentur hauptsächlich für Flüchtlinge aus dem Spanien Francos.) Er wusste nichts über Schiffe nach Amerika, beglückte uns aber mit einer langen Rede über die angeblich progressive Bedeutung des amerikanischen Hafenarbeiterstreiks. Wir hatten sehr wenig Geld, aber V.s Schwestern in New York halfen uns aus der Klemme. Auch hatten wir keine gröberen Schwierigkeiten, unsere Essensmarken einzutauschen.

Jeden Morgen machte ich mich auf den Weg, um Paris zu erforschen. Mein Französisch war viel besser als erwartet und wurde immer besser, je länger ich in Paris unterwegs war. Wie schon erwähnt, nahm ich Kontakt mit dem lutherischen Bischof auf. Ich besuchte auch das Reformationsmuseum, einen ziemlich düsteren Ort, wo mir ein Museumswärter mit offensichtlich sadistischer Freude Folterinstrumente zeigte, die während der Inquisition für die Verhöre von Ketzern verwendet wurden. Ich trug mich als Leser in der Hauptbibliothek der Sorbonne ein und ging immer wieder hin, um Bücher über Theologie und Philosophie zu lesen, womit ich meine in Haifa begonnene außerschulische Bildung fortsetzte. (In diesem Zusammenhang möchte ich noch eine etwas beschämende Episode erwähnen: Ich hatte dort einen sehr eindrucksvollen Leseausweis mit Lichtbild erhalten, den ich jedes Mal vorweisen musste, wenn ich die Bibliothek benützte. Einige Monate später, als ich in Amerika gerade ans College gekommen war, behauptete ich, dass ich in der Pariser

Bibliothek als Hilfskraft gearbeitet hatte und legte als Beweis den Leseausweis vor – ich spekulierte damit, dass der amerikanische Bibliothekar nicht Französisch konnte. Das Kalkül ging auf: Ich bekam den Teilzeitjob.)

Ich liebte Paris. Ich eroberte mir die Metro und fuhr mit ihr kreuz und quer von einem Ende der Stadt zum anderen. Ich besichtigte die wichtigsten Touristenattraktionen – den Louvre, den Dôme des Invalides – fast alles, was ich sehen wollte, kostete keinen Eintritt. In Paris spürte ich die Freiheit kribbeln. Wahrscheinlich war ich manchmal einsam, aber ich erinnere mich nicht, darunter gelitten zu haben. Einmal fand ich einen Artikel in der *Herald Tribune*, der Volkstanzabende in einer Herberge der presbyterianischen Kirche ankündigte. Einmal ging ich hin – ich erwartete, dass ich dort endlich Mädchen kennen lernen würde. Natürlich gab es dort Mädchen, aber sie interessierten sich nicht für mich – sie waren vollkommen hingerissen von den uniformierten britischen Soldaten, die ihre Freizeit in Paris genossen. Ich versuchte, die Grundschritte eines äußerst komplizierten schottischen Tanzes im Viervierteltakt zu lernen, und war fasziniert, weil einige Soldaten doch tatsächlich Kilts zu ihren Uniformjacken trugen. Ich erinnerte mich daran, dass V. einmal erwähnt hatte, dass echte Schotten niemals Unterwäsche unter ihren Kilts tragen. Und so versuchte ich, das zu überprüfen, wenn die tanzenden Soldaten ihre Beine in die Höhe hoben. Schließlich konnte ich aber weder ausmachen, wie es um das Mysterium der schottischen Unterwäsche bestellt war, noch lernte ich den Tanz. Und ein Mädchen lernte ich schon gar nicht kennen.

Endlich informierten uns die Leute vom Reisebüro »Oceania«, dass sie ein Schiff für uns gefunden hatten. Es war die »Île de France«, die bis vor kurzem ausschließlich Truppen transportiert hatte. Wir fuhren mit dem Zug nach Cherbourg. Aus dem Fenster sahen wir die Kriegsschäden in den Dörfern und Städten. Das Schiff war noch nicht für den zivilen Gebrauch eingerichtet worden. Männer und Frauen waren in getrennten großen Schlafsälen untergebracht, die Toiletten waren eher Latrinen und die Verpflegung scheußlich. Ich war die meiste Zeit über seekrank. Aber ich hatte meine erste Verabredung mit einem netten Schweizer Mädchen, auch wenn es nicht besonders aufregend war. Doch so unangenehm die Umstände dieser Seereise auch waren, so tangierte mich das nur wenig: Ich verspürte nur Glück und Vorfreude.

Die Überfahrt dauerte fünf Tage. An jedem Morgen forderte der Kapitän die Passagiere auf, ihre Uhren wieder um eine Stunde vorzustellen. Daran konnten wir messen, dass wir Amerika wieder ein Stück näher gekommen waren. Nebel lag über dem Hafen von New York, als wir einliefen. Die Passagiere – in der Mehrzahl Flüchtlinge, die noch nie in Amerika gewesen waren – versammelten sich an Deck, doch wir konnten noch nichts wahrnehmen. Da tauchte plötzlich ganz in unserer Nähe die Freiheitsstatue aus dem Nebel auf und kurz darauf die Skyline von Lower Manhattan. Langsam fuhr das Schiff den Hudson aufwärts.

Ehrfürchtiges Schweigen herrschte an Deck. Als wir das Pier erreichten, hob sich der Nebel vollständig und das Panorama New Yorks lag in gleißendem Sonnenschein vor uns. Es war die Zeit des Frühverkehrs, und auf dem West Side Highway fuhren viele Fahrzeuge. Damals waren die New Yorker Taxis noch nicht obligat gelb, sondern hatten alle Farben des Regenbogens. Ich wusste nicht, dass alle diese bunten Autos Taxis waren; ich dachte, dass alle amerikanischen PKW so aussahen. Ich malte mir aus, eines Tages auch ein rotes oder gelbes Auto zu fahren, mit dem ich über den Highway zu einem wichtigen Termin fahren würde, vielleicht in Begleitung einer attraktiven Frau. Es war ein erhebender Moment.

Die Einreise- und Zollformalitäten dauerten einige Stunden. Endlich traten wir hinaus auf das Pier, wo V.s Schwestern Nelly und Mitzi sowie Nellys Ehemann geduldig auf uns gewartet hatten. Wir teilten uns auf zwei Taxis auf und fuhren in die Washington Heights, wo sie alle wohnten. Wir drei wurden in ein Zimmer der eher kleinen Wohnung gesteckt (einige Zeit später mieteten V. und M. ein Zimmer in der Nähe). Wir aßen miteinander zu Mittag und verbrachten den Nachmittag damit, uns gegenseitig alles zu erzählen, was wir seit der Abreise aus Wien erlebt hatten (Mitzis Mann war während des Novemberpogroms, der so genannten »Kristallnacht«, verhaftet worden und kurz darauf in einem Konzentrationslager umgekommen.) Eva, Mitzis ältere Tochter, kam zu Besuch. Gegen Abend sagte Tante Nelly, sie wolle einen Brief aufgeben gehen, und ich bat sie, mitkommen zu dürfen. Wir mussten nur bis zur nächsten Straßenecke gehen, aber ich sah die Häuser, die so ganz anders aussahen als alle Häuser, die ich je zuvor gesehen hatte. Auch der Postkasten sah ganz anders aus. Wirklich und wahrhaftig: Ich war in Amerika! Ein paar Tage später, als ich schon die engste Umgebung erkundet hatte, ging ich über die George Washington Bridge, damit ich sagen konnte, schon in zwei Staaten gewesen zu sein.

Die folgenden Monate verliefen sehr geschäftig. V. und M. suchten beide Arbeit. V. hatte ein paar Jobs in Herrenausstatter-Geschäften (erst viel später begann er für Knize zu arbeiten, das exklusive Herrengeschäft, das von Wien hierher verpflanzt worden war). M. fand Beschäftigung bei Modedesignern. Ein gutes Jahr nach unserer Ankunft mieteten wir endlich eine eigene Wohnung, in der 20. Straße in Chelsea – das war ein erster Erfolg.

Ich hatte natürlich meine eigenen Pläne. Ich habe schon erwähnt, wie entschlossen ich meine Kandidatur als lutherischer Seelsorger betrieb. Als das Synodalkomitee mich aufnahm, bekam ich ein Stipendium, um im folgenden Frühlingssemester auf Staten Island am nur nominell lutherischen Wagner College mit dem Studium beginnen zu können. (Mir war nicht klar gewesen, dass ich zuerst ein Bachelor-Diplom brauchte, wenn ich an einer theologischen Fakultät studieren wollte.) Bis zum Collegebeginn wollte ich einen Job annehmen.

Auf eine Anzeige hin meldete ich mich als Büroursche bei Dunhill und bekam die Stelle sofort. Damals hatte

Dunhill ein Büro im Rockefeller Center und ein Geschäft auf der Fifth Avenue. Meine Aufgabe war es, alles mögliche zwischen diesen beiden Orten hin und her zu tragen und auch andere Botendienste in Manhattan zu erledigen. Während meiner Mittagspause aß ich zuerst Frankfurter an einem Straßenkiosk und saß dann gewöhnlich für zirka eine halbe Stunde in der St. Thomas Episcopal Church: Meistens gab es dort Orgelmusik. Nach ein paar Wochen bei Dunhill ging ich zum Manager, denn schließlich war ich ja in Amerika, im Land der unbegrenzten Möglichkeiten. In meinem damals sehr präzisen Englisch sagte ich ihm, dass ich angesichts all meiner Qualifikationen doch einen etwas verantwortungsvolleren Job bekommen müsste. Seine Antwort kam ohne Zögern und war lapidar: »Nicht hier. Du bist gefeuert.« Ich fand dann einen anderen Job, wieder als Bürobursche – und zwar ausgerechnet bei der methodistischen Missionsbehörde an der unteren Fifth Avenue. Dort machte die Arbeit mehr Spaß als bei Dunhill. Ich hatte Botengänge in ganz Manhattan zu erledigen, denn es ging um die Reisearrangements, Visa, Fahrkarten etc. für die ausreisenden Missionare. Ich führte alle meine Aufgaben gewissenhaft aus – aber sehr langsam, denn auf meinen Wegen erkundete ich ganz New York, genauso wie ich es in Paris getan hatte. Besonders gern fuhr ich die Fifth Avenue in den damals noch verkehrenden Doppeldecker-Bussen hinauf und hinunter. Meine Chefin, eine eindrucksvolle Dame namens Miss Zimmermann, wurde immer verstimmter über meine langen Abwesenheiten aus dem Büro. Es ärgerte sie auch, dass ich mit einer kecken jungen Französin flirtete, die im Büro als Schreibkraft arbeitete (was ohnehin eher unpassend war, denn sie war auch Methodistin, die Tochter von Missionaren auf Haiti). Als ich meinen Job aufgab, um meine Collegelaufbahn anzutreten, begleitete mich Miss Zimmermann zur Tür und schrie mir nach: »Bin ich froh, dass du gehst!« (Etwas ist mir erst viele Jahre später zu Bewusstsein gekommen: Fast alle Posten bei der Missionsbehörde waren mit Frauen besetzt, die meisten von ihnen Respekt einflößend wie Miss Zimmermann. Daran erinnerte ich mich, als die Feministinnen zu klagen begannen, dass die Kirche eine patriarchalische Institution sei: Mein erster Eindruck vom amerikanischen Protestantismus war eindeutig matriarchalisch.)

Fritz Neumann hatte mir die Koordinaten von Frederick Forell mitgegeben, einem deutschen Pastor, der aus der »Bekennenden Kirche« kam und in New York eine Organisation namens »Newcomers Christian Fellowship« managte. Ihre Aufgabe war es, soeben eingetroffene Europäer zu betreuen und ihnen beizustehen, weil sie alle in gewisser Weise Flüchtlinge waren. Es gab in dieser Institution auch eine Jugendgruppe, die sich in der Sozialarbeit engagierte. Dort fand ich endlich wirklich und wahrhaftig eine Freundin: Irene, langbeinig und feurig. Ursprünglich war sie aus Deutschland, zuletzt aber aus England gekommen (wo sie, wie sie mir stolz erzählte, einen aufsteigenden Filmstar kennen lernte, Richard Attenborough, von dem ich natürlich noch nie gehört hatte). Sie hatte ein kleines Zimmer in der Wohnung von Verwandten an der Upper West Side, wo wir schwitzend Experimente auf einem Gebiet unternahmen, auf dem wir beide noch unerfahren waren. Ich brauche mich hier nicht in schlüpfrigen Details zu ergehen: Für mich stellte sich heraus, dass Sex genauso wundervoll ist, wie ich ihn mir vorgestellt hatte.

Um von schicklicheren Erfahrungen zu sprechen: Ich machte die Bekanntschaft eines der Söhne von Frederick Forell, George Forell, der frisch ordiniert und frisch verheiratet war. Er war Pastor in einer Kirche in der Bronx. Wir führten einige lange theologische Diskussionen, und George wurde ein Freund fürs Leben (später publizierte er erfolgreich über die Reformation und unterrichtete viele Jahre an der University of Iowa). Besonders eines dieser Gespräche ist mir in Erinnerung geblieben. Ich erzählte George von meinen Zweifeln an einigen Lehren des Christentums. Er meinte, dass auch er natürlich die eine oder andere Lehrmeinung angezweifelt hätte, dass er aber nie Bedenken gegenüber der essenziellen Wahrheit des christlichen Glaubens hatte. Und er fügte hinzu: »Ich habe versucht, Zweifel zu haben. Ich hatte das Gefühl, dass ein intellektuell ernstzunehmender Mensch welche haben sollte. Aber es ist mir nie gelungen.« Ich hatte keinen Anlass, seinen Standpunkt in Frage zu stellen (und ich tue es immer noch nicht), aber es war mir auch klar, dass das nicht mein Fall war.

Wie geplant begann ich im Frühling 1947 am Wagner

College zu studieren. Ich wohnte dort in einem Zweibettzimmer mit einem amerikanischen Studenten in einem neu errichteten Studentenheim, das den vielversprechenden Namen »Luther Hall« trug. Ich musste mich für ein Hauptfach entscheiden. Ich wählte Philosophie, weil ich dachte, das dieses Fach zu einem angehenden Theologen passte. Ich habe auch einiges über Philosophie gelernt und noch andere interessante Vorlesungen gehört (darunter auch eine über amerikanische Literatur). Ich absolvierte einen Kurs für klassisches Griechisch, ebenfalls um mich aufs theologische Seminar vorzubereiten. Hauptsächlich aber ließ ich es mir gut gehen. Ich freundete mich mit zwei jungen Männern an, die ebenfalls gerade erst nach Amerika gekommen waren: Ernie war ein deutscher Jude, der aus Australien eingewandert war (wohin ihn die Briten als »feindlichen Ausländer« deportiert hatten); er war ein glühender Anthroposoph und hatte einen ganzen Koffer voll Rudolf Steiner-Büchern. Der andere war Ferenc, der zu Hause in Ungarn Jus studiert hatte. Ich legte mir auch eine zweite Freundin zu, Ruth, eine attraktive vollbusige junge Jüdin aus Brooklyn. Wie Alec Guiness in *Der Schlüssel zum Paradies* hatte ich jetzt also eine Freundin in Manhattan und eine auf Staten Island, zwischen den beiden lag nur eine halbstündige Fahrt mit der Fähre.

Im Herbstsemester sollte ich an einer anderen lutherischen Institution weiterstudieren, für die ich ein Stipendium erhalten hatte, am Wittenberg College in Ohio. Das wurde mein erster Ausflug ins amerikanische Hinterland und sollte ein sehr lehrreiches Erlebnis werden. Den Sommer wollte ich in New York verbringen, wo ich einen bezahlten Job bei Pastor Forells »Newcomers Christian Fellowship« bekommen hatte. V. und M. hatten in ihrem gemieteten Zimmer keinen Platz für mich; ich sollte in der Jugendherberge in der 23. Straße wohnen. Viel Neues kam auf mich zu.

Ein Kommilitone am Wagner College hatte einen ramponierten alten Jeep und wollte mich nach Manhattan mitnehmen. Der Jeep war auf der Staten Island Fähre abgestellt, und wieder einmal stand ich an Deck, während wir an der Freiheitsstatue vorbei glitten und die Wolkenkratzer von New York immer näher kamen. Dann fuhren wir den Broadway hinauf (der damals noch keine Einbahn war). Ich saß vorne neben dem Fahrer und hatte einen Koffer, der alle meine Besitztümer barg, zwischen den Beinen. Es war ein wunderschöner Frühlingstag, und ein angenehmes Lüftchen wehte mir ins Gesicht. Wieder kam es mir wie ein Wunder vor: Ich war in Amerika und neue Abenteuer kamen auf mich zu. Ich wusste, in diesem Land konnte ich machen, was immer ich machen wollte, konnte sein, was immer ich sein wollte. Ich wusste, hier war alles möglich.

Mein Leben in Amerika hat diese Erwartung nicht ganz und gar erfüllt. Aber es ist ihr doch sehr nahe gekommen.

*»Ein großer Soziologe, der angetreten ist, die ›Gesellschaft zu verstehen‹«:
Peter L. Berger*

Peter L. Berger heute

Ein Nachwort von Rudolf Bretschneider

Anlässlich der Verleihung des Wittgenstein-Preises 2000 an Peter L. Berger hielt der Pastoraltheologe und Religionssoziologe Paul Michael Zulehner die Laudatio; und er fasste das Gesagte mit dem Hinweis zusammen: »Das gesamte wissenschaftliche Lebenswerk von Peter L. Berger ist eine ständige Einladung; nicht nur zur Soziologie ganz allgemein, sondern auch zur Religion, zur Familie, zum Humor und in all dem eine Einladung zu dem, was jeden wahren Menschen auszeichnet: zu einem aus hoher Liberalität geborenen wissenschaftlichen Nachdenken über Gott und die Welt und zu einem Leben gerade unter den Bedingungen der Moderne, das den Namen gutes Leben verdient ... Für Generationen wurde auf diese Weise Peter L. Berger in ihrer Ausbildung eine Leitfigur.«

Tatsächlich hat Peter L. Berger viele Menschen, nicht nur angehende Soziologen, erfolgreich zum Mit- und Nachdenken »eingeladen«. Wenn Paul Michael Zulehner in der gleichen Rede anmerkt, Peter L. Berger habe zum Glück keine richtigen Memoiren geschrieben, »dabei hätte er eine Voraussetzung, die seine Memoiren interessanter machen würden als jene vieler anderer: Peter L. Berger hat Humor«, so findet man im vorliegenden Buch die Einschätzung bestätigt: Diese Erinnerungen an Kindheit und Jugend sind nicht der Versuch, sich in ein gutes Licht zu rücken und die eigene Bedeutung zu unterstreichen (was wohl so manche Memoiren anschwellen lässt). Es ist ein sehr persönliches Gedenken an die Zeit in Wien, an die erzwungene Abreise aus einer Heimat, an die Zeiten in Italien, an die Erfahrungen in Israel – bis zur Ankunft in den USA, wo aus Peter L. Berger das werden sollte und wo er aus sich das gemacht hat, wofür er berühmt ist: ein großer Soziologe, der angetreten ist, die »Gesellschaft zu verstehen«. Das Vertraute – die frühen Jahre – wird mit anteilnehmender Distanz betrachtet: soziologische Haltung ohne deren Jargon.

Hier ist nicht der Platz – und meinerseits auch nicht die Kapazität – sein wissenschaftliches Werk umfassend zu würdigen; umfasst es doch ein weites Feld, das von der Wissenssoziologie, der Familiensoziologie, der Religionssoziologie, der Entwicklungssoziologie, der Analyse von Wirtschaftskulturen bis zu sehr persönlichen Büchern über die Bedeutung des Komischen und des Witzes, bis zu solchen über die Möglichkeiten christlichen Glaubens in der modernen Welt reicht.

Dieses Nachwort bezieht sich auch nur sehr begrenzt auf die vorliegenden Kindheits- und Jugenderinnerungen. Es ist vielmehr der – vielleicht etwas vermessene – Versuch, ein wenig darüber nachzudenken, wodurch der Mensch Peter L. Berger seine Studenten, seine Leserschaft, sein Auditorium beeindruckt und wohl auch oft fasziniert hat. Dabei greife ich notwendigerweise auf Eigenerfahrung zurück.

Meine erste »Berger-Lektüre« war ein Buch, das ich wohl aufgrund seines eigenartigen Titels gekauft hatte: *Auf den Spuren der Engel. Die moderne Gesellschaft und die Wiederentdeckung der Transzendenz*, erstmals erschienen 1969. Das klang – es war das Jahr nach der so genannten 68er-Revolution und dem Einmarsch der Sowjets in der ČSSR – mehr als unzeitgemäß. Aber »unzeitgemäße Betrachtungen« hat Peter L. Berger nie gescheut. Und auch nicht das Eingeständnis von »Fehlern« – so zum Beispiel, dass auch er lange die Auffassung einer geradezu gesetzmäßigen Säkularisierung durch Modernisierung vertrat; bis er beobachtete, dass die einschlägigen europäischen Phänomene eher die Ausnahme, denn die Regel sind. Lange war er damit ziemlich allein. Zurück zu den Engeln (was man darunter verstehen kann, ist ja für die verschiedensten Geister ein Faszinosum gewesen: vom Psychophysiker Theodor Fechner bis zum ehemaligen rumänischen Kulturminister Andrei Pleșu): In seinem Buch macht sich Peter L. Berger auf die Suche nach »Zeichen des Jenseits« im Alltag und fordert auch »die Theologen auf, sich in der empirisch gegebenen Situation des Menschen nach etwas umzusehen, was man Zeichen der Transzendenz nennen könnte.« Und er behauptet, »dass es prototypisch menschliches Verhalten gibt, Gebaren, Gebärden, Gesten, die als solche Zeichen anzusehen sind«. Transzendenz ist für ihn ein Überschreiten beziehungsweise ein Heraustreten aus der Alltagswelt – und ist beispielsweise im »Spiel« oder auch in Humor und Witz auffindbar. Das Komische ist eine eigene Welt, bildet eine Art Insel – darin ähnlich der Religion, die in der modernen Welt ebenfalls in einer Art Enklave existiert.

Den soziologischen Büchern im engeren Sinn begegnete ich später: der *Einladung zur Soziologie, Individuum & Co* (zusammen mit Brigitte Berger), der Theorie der Wissenssoziologie (*Die gesellschaftliche Konstruktion der Wirklichkeit*, zusammen mit Thomas Luckmann). Was mich – und vermutlich viele Berger-Leser – daran angezogen hat, ist der stets persönliche Stil, der weitgehende Verzicht auf gelehrten Jargon, wiewohl der häufige Bezug auf religiöse, theologische, psychologische und kulturelle Themen eine gewisse Vertrautheit mit der jeweiligen Sprachwelt erfordert. Und wenn er glaubt, abstrakt und damit schwer verständlich zu werden, veranschaulichen Beispiele den Gedanken – diese können, infolge des ständigen Rückbezugs zur Alltagswelt weniger leicht abheben und sich verselbstständigen.

Einen ersten persönlichen Eindruck bekam ich anlässlich eines Vortragsabends, dem eine Diskussion in der Wohnung Erhard Buseks folgte: Peter L. Berger auf dem Sofa, mit obligater Zigarre, die Worte vorsichtig abwägend, skeptisch reflektierend (auch das von ihm Vorgebrachte), manchmal – nicht ungern – der Versuchung nachgebend, eine Überlegung mit einem Witz zu veranschaulichen. Und all das war im Einklang mit den Erwartungen, die man aufgrund der Lektüre seiner Bücher haben konnte, ja stellte eine gewisse Steigerung derselben dar, erhellte sie zusätzlich – und oft ist es mir später passiert, dass ich ihn beim Lesen seiner Bücher sprechen zu hören glaubte. Nein, er spricht nicht »wie gedruckt« – er schreibt, wie er denkt und lässt dabei zusehen. Dass die Persönlichkeit sowohl im gesprochenen wie im geschriebenen Wort gleichermaßen spürbar wird, ist in der Welt der Intellektuellen kein allzu häufiges Phänomen.

In jeder Gesellschaft gibt es das, was Paul Valéry als »Berufe des Wahns« bezeichnet hat; ihre Repräsentanten sind »Verwalter der vagen Dinge«, die sich mit Ideen, Werten, Begriffen, Zeichen und Symbolen beschäftigen. Mit ihrer Hilfe bestimmen wir Wirklichkeit. Manche fasst man unter dem Begriff »Intellektuelle« zusammen und deckt mit diesem grauen Begriffsschleier die bunte Vielfalt der »Wortwerker« zu. Manche genügen sich und anderen, indem sie vorführen, wie man den Geist wortreich in der Schwebe der Unentschiedenheit hält; andere sondern dunkle Wolken schweren Wortschwalls ab; wieder andere führen ein postmodernes Dandytum der geistigen Beliebigkeit am Laufsteg der Begriffe spazieren, während andere, die den großen und kleinen Weltlauf zum Davonlaufen finden, über die geistfernen Zeiten klagen (das heißt über die jeweilige Gegenwart) und nur durch »Privatisierung« das zu erreichen glauben, was Stefan Zweig im Essay über Montaigne »die höchste Kunst des Lebens« nennt: *rester soi-même*.

Es gibt aber auch Intellektuelle, die ihre »Verwalterrolle« anders sehen; die den Versuch der Analyse ihres Gegenstandes mit Engagement und mit der Frage nach der subjektiven Bedeutung der Ergebnisse verbinden; die Pragmatik und Utopie zusammendenken, Gegenwart und die Tiefe der Zeiten bzw. der Seinsformen im Bewusstsein halten und eben dadurch dem Montaigne'schen Ideal des *rester soi-même* in vorbildhafter Weise entsprechen.

Peter L. Berger ist zu den Letzteren zu zählen. In *Order and History* von Eric Voegelin heißt es – unter Bezugnahme auf die ideologischen Gefährdungen und politischen Religionen jeder Gegenwart: »Der Mensch ist verpflichtet, die Situation zu verstehen, in der er sich befindet«. Die Soziologie, wie sie Peter L. Berger versteht, die die religiösen und die materiellen Dimensionen einer Kultur als wesentlich begreift, kann eine Hilfe bei der Suche nach einer klareren Sicht der Gegenwart sein. Bergers religionssoziologische Schriften beschreiben auch die säkularisierten modernen Lebenswelten, die am materiellen Wohlstand, an rationaler Verwaltung und Technik ausgerichtet sind, und er prüft vor diesem Hintergrund verschiedene religiöse Optionen – die der Neo-Orthodoxie ebenso wie die des »Weghandelns der Mythologie« und die von ihm präferierte induktive Möglichkeit, die dem »Gerücht von den Engeln« nachgeht. Und in seinen Schriften zur Modernisierung und Entwicklungspolitik, ja selbst (oder gerade?) in seinem Buch über die kapitalistische Revolution spricht auch der *homo religiosus* Peter Berger; so zum Beispiel wenn er – antignostisch im Sinne Voegelins – schließt: »Der homo religiosus erwartet keine Erlösung in geschichtlicher Zeit, weil er sie bereits anderswo gefunden hat. Diese Bescheidenheit mag freilich auch eine weltliche Form annehmen.«

Er ist – im besten Sinn – »unzeitgemäß« und hat das, was Sperber »die Religion des guten Gedächtnisses« nennt, das Bewusstsein, dass »Vergesslichkeit bezüglich vergangener Leistungen eines der wichtigsten sozialen Phänomene ist«. Die Wahrheit, die wir für uns finden sollen, liegt nicht nur in einer Zeit, nicht nur in einer Disziplin, nicht nur in einer Fakultät. Der Geist muss über den Fakultäten schweben, um wirklich zu begreifen.

Bei aller Skepsis gegenüber innerweltlichen Erlösungsmythen und trotz des Bewusstseins, dass die Formen religiösen Denkens gesellschaftlich konstruiert sind, hält Berger – im schwierigen Status einer Minderheit – an der Bedeutung der religiösen Erfahrung für den Menschen fest. Zwar ist »die Suche nach religiöser Sicherheit grundsätzlich dazu verurteilt, in dieser Welt frustriert zu werden, mit Ausnahme flüchtiger Erlebnisse, die man nur mühsam in Erinnerung behalten kann«; aber es gilt, offen zu bleiben für Erscheinungsformen des Heiligen in der profanen Welt, für Einschüsse des Unendlichen ins Endliche, für das Jenseits im Diesseits, für »die dunklen Trommeln Gottes«. Hierzu bedarf es auch der Kenntnis der religiösen Tradition, der Hierophanien, wie sie die Weltreligionen beschreiben. Man wird heute nicht mehr selbstverständlich in ein bestimmtes religiöses Milieu hineingeboren, vielfach muss man sich entscheiden, muss die Sphäre des Religiösen erst entdecken (wobei Teile der Kirchen nicht immer eine

Hilfe sind); aber ohne Verständnis für Chiffren der Transzendenz, die in der Alltagswelt der Konsumgesellschaft schwer genug wahrnehmbar sind, bleibt der Mensch beschränkt – und das im mehrfachen Wortsinn.

Seine »Entdeckungsversuche« hat Peter L. Berger immer wieder in Buchform gebracht. Zwei davon tragen den Begriff »Erlösung« im Titel (*Erlösendes Lachen. Das Komische in der menschlichen Erfahrung*, 1988, und *Erlösender Glaube? Fragen an das Christentum*, 2006). In beiden Büchern nähert er sich seinem Gegenstand mit der heutzutage oft geschmähten Vernunft. Das Komische – so sein Ausgangspunkt in *Erlösendes Lachen* – setze das rein Rationale voraus.

Es »entsteht« aus dem Erlebnis der Inkongruenz. Um etwas als unzusammengehörig zu erkennen, muss man ein Konzept vom Richtigen haben. Um zu spüren, dass im Witz (einer Erscheinungsform des Komischen) etwas auf den Kopf gestellt wird, muss man die richtige Position kennen. Peter L. Berger gibt eine rationale Analyse des Komischen – in höchst vergnüglicher Form. Er ist sich der Problematik bewusst, dass es komisch ist, sich mit dem Thema todernst auseinanderzusetzen. Konsequenterweise erfindet er sich seine höchstpersönliche unverwechselbare Form: den heiteren Ernst; in diesen springt er oft unvermittelt und dann auch wieder zurück (durch Einstreuung eines Witzes, wobei er aus nie versiegender Fülle schöpfen kann) und lang und gern hält er sich im Zwischenreich des Ernst-Komischen auf. Er versucht, mit Hilfe von »Vorläufern« (Alfred Schütz, Erasmus, Joachim Ritter, Charles Baudelaire) eine Bestimmung des Komischen. Er zeigt, in welchen Phänomenen es sich manifestiert – in »Überschreitungen« und »Doppelbödigkeiten« und mitunter im Entwurf einer »Gegenwelt«. Er vermutet, dass es in der modernen Welt mit ihren Widersprüchen und Inkongruenzen viel (potenziell) Komisches gibt – man muss es nur sehen lernen.

Es wäre nicht Peter L. Berger, verwiese er nicht (nach einer literarischen Rundreise durch alle Musterexemplare des Komischen) auf das Komische, das auch als Zeichen der Transzendenz verstanden werden kann. Selbst wenn manche christliche Kirchen und ihre Repräsentanten das Lachen für weltlich gehalten haben – andere haben es sehr wohl geachtet und wurden (unter anderem eben deshalb) hoch geschätzt (wie beispielsweise Martin Luther oder auch Johannes XXIII.). Lachen bringt die »Ganzheit« zurück, es ist eine Form der Ekstase, es ist der Einbruch einer anderen Welt, es bringt in einen »anderen Zustand«. Es setzt Vernunft voraus – der Witz wäre sonst nicht verständlich.

Paul Valéry schrieb Descartes die Auffassung zu, dass »das Leben des Verstandes ein unvergleichliches lyrisches Universum darstellt, ein umfassendes Drama, in dem weder Abenteuer noch Leidenschaft fehlt... und auch nicht das Komische«. Berger ist ein später Zeuge dieser Haltung: Durch die Beschäftigung mit den Erscheinungsformen des Menschlichen (Vernunft und Komik) und durch die Art und Weise, wie er sich seinen Themen nähert: vernünftig, höchstpersönlich, humorvoll.

Das gilt auch für sein bisher letztes Buch *Erlösender Glaube?* – man beachte das Fragezeichen! Er weiß, dass er in einem Zeitalter des religiösen Pluralismus lebt, in dem der *Zwang zur Häresie* – so ein anderer seiner Buchtitel – besteht. Sein Versuch, ein Glaubensbekenntnis in einer Epoche des Relativismus zu reflektieren, steht in der Tradition eines liberalen Protestantismus. Aber er sieht die Spannung zwischen Glauben und Skepsis auch in anderen Traditionen. Folgerichtig beginnt sein Buch, dem er die Sätze des Apostolischen Glaubensbekenntnisses zugrunde legt, mit der Überlegung, warum jemand kein Interesse am Thema des Glaubens haben sollte, und er fragt und überlegt, ob es gute Gründe gibt, einen Glauben zu haben.

Das apostolische Glaubensbekenntnis wählt er deshalb als Ausgangspunkt und Struktur seiner *tour d'horizon* des christlichen Glaubens, weil ihm darin der christliche Glaube am dichtesten zusammengefasst scheint.

In seine – oft skeptischen – Reflexionen bezieht er Theologen, Philosophen, Kirchenlehrer und Gläubige aus unterschiedlichsten Zeiten ein – und verschweigt auch nicht die Schwierigkeiten, die er mit manchen Denkschritten (auch den eigenen) hat. Seinem persönlichen, humorvollen und lebendigen Stil bleibt er auch in diesem religiös aufgeladenen Buch treu.

In einer seiner früheren Schriften heißt es: »Alle erklären uns selbstsicher, wie es heute steht und wie es, wenn man sie nur machen lässt, morgen sein wird. Doch in Wirklichkeit wissen sie sehr wenig, diese zuversichtlichen Propheten des Gerichts und der Erlösung. Es tut Not, die gelassene Kunst des Zweifelns zu erlernen. Es tut Not, gelassen und zweifelnd und aus dem Gefühl heraus zu handeln, dass das Mitleiden das einzig glaubwürdige Motiv für jede Aktion zur Veränderung der Welt ist.

Die Geschichte ist ein Strom von Blut, auf dem wir angekommen sind, der uns trägt... Es gibt eine Pflicht zur Erinnerung, nicht in den Gedächtniszellen von Computern, sondern in der Schwere des Herzens. Über dem Gedächtnis des Schmerzes schwebt die einsame Gestalt der Jungfrau der Tröstungen, die den Don Quijotes dieser Welt immer wieder die Stirn trocknet«.

Der »Pflicht zur Erinnerung« ist Peter L. Berger im vorliegenden Buch nachgekommen. Kenner seiner Schriften werden darin vielleicht Keime seines späteren Werks zu entdecken suchen – dabei sollte man freilich bedenken, dass es sich um die Erinnerungsleistung eines professionellen Beobachters handelt, der wohl weiß, welchen (Wechsel-)Wirkungen der Geschichte, der Institutionen, der engeren sozialen Welt ein Kind/ein Jugendlicher ausgesetzt ist.

Wahrscheinlich ist auch dieses Buch als eine »Einladung« zu verstehen: zunächst in eine der zahlreichen Berger'schen Welten, auch in eine Welt, die ob in Wien, Italien oder Palästina endgültig dahingegangen ist, aber in jenen Menschen, die sie noch erlebt haben, Spuren hinterlassen hat; es ist aber auch eine Einladung zum Nachdenken über die jeweils eigene Kindheit/Jugend: über das, was man »vorfand« und für selbstverständlich nahm, und über das, was später die Erfahrung der eigenen Kinder mitbestimmte und dauern wird – oder auch nicht.

Was in diesem sehr persönlichem Buch Peter L. Bergers spürbar wird, ist die große Bedeutung der signifikanten Anderen: zunächst die der Familie, der Freunde, der Lehrer (in einem sehr weiten Sinn). Sie spielen – so oder so – eine tragende Rolle bei der Konstruktion der Wirklichkeit, bei der Bestimmung dessen, was man für bedeutsam oder unwichtig, gut oder schlecht hält. Später hat man zunehmend die Chance, sich seine Gesprächspartner, seine Gedankenpartner selbst auszuwählen – aber auch das ist keine Selbstverständlichkeit und erfordert Sorgfalt. Peter L. Berger hat zu seiner eigenen Überraschung im fortgeschrittenem Alter festgestellt, dass er besser mit Menschen kommunizieren kann, mit denen er nicht übereinstimmt, die aber bezüglich ihres eigenen Standpunkts immer auch Skepsis und Unsicherheit zeigen, als mit Personen, mit deren Auffassungen er zwar weitgehend übereinstimmt, die aber in denselben unerschütterlich sicher schienen. Für die Unsicheren und Skeptischen hat er mehr Sympathien. Vielleicht auch, weil ihn die Soziologie und sein Leben gelehrt haben, hinter die Gewissheiten zu blicken und ihre relative Bedeutung zu erkennen. Der Alfred Polgar zugeschriebene Satz »Es gibt nur eine idée fixe – die idée flexible« müsste ihm gefallen. Die Angst vor der Selbsttäuschung ist bei ihm größer als die Beunruhigung ob eines möglichen

Illusionsverlusts. Die Angst vor Unsicherheit muss man – so würde er wohl sagen – aushalten. Sie ist eine *conditio humana*. Anlässe für die Erfahrung der Unsicherheit gab es in seiner Kindheit und Jugend zur Genüge. Er hat wohl oft genug beobachten können, wie die Suche nach Sicherheit (»das Märchen von der Sicherheit« nannte es Ludwig Marcuse) zu Fanatismus und Fundamentalismus führt. Ein »skeptischer Glaube«, wie ihn Peter L. Berger gelernt hat und übt, ist ein gutes Gegengift (so er überhaupt Gift sein kann).

Mögen diese Erinnerungen an eine Kindheit und Jugend dazu anregen, nachzulesen, was später aus dem Kind geworden ist.

Personenregister

A

Allenby, Lord Edmund 118

Anderson, Benedict 142

Anis, Gesprächspartner in Stella Maris 174, 179

Arendt, Hannah 87

Attenborough, Richard 215

Augustinus 167

B

Baly, Mr. 148ff, 160, 165

Barth, Karl 167, 188

Baudelaire, Charles 229

Ben Gurion, David 161

Berg, Pastor der deutschenlutherischen Kirche in Haifa 161, 186, 189, 192, 205

Berger, Carl Hermann 38, 40, 45, 47

Berger, Georg (V.) 18ff, 25, 29ff, 33, 35f, 38, 40ff, 45, 47ff, 58ff, 65, 67f, 71, 77, 82, 99, 101ff, 107f, 111ff, 116, 118ff, 126, 130ff, 137f, 142, 146, 161, 171, 175, 183, 191, 194, 208, 210, 212f, 218

Berger, Ida 41

Berger, Jelka (M.) 18, 21f, 25, 29ff, 41, 47ff, 62, 75ff, 82, 84, 88ff, 92, 94,ff, 107, 109, 112f, 116, 119, 120ff, 126, 132, 137f, 142, 161, 163, 165, 171, 183, 191, 194, 204f, 207f, 212f, 218

Bonhoeffer, Dietrich 188

Breunig, Johann 36

Breunig, Mascha 33, 38

Breunig, Robert 45

Breunig, Wolfgang (Wolfi) 21, 26, 31, 33, 36f, 45

Busek, Erhard 224

C

Camus, Albert 77

Charlotte von Belgien 80

Churcher, Dr., Arzt in Haifa 117, 135

Clark-Kerr, Mr., presbyterianischer Pfarrer 162f, 205

D

Descartes, René 229

de Kruif, Paul 164

Dostojewskij, Fjodor Michailowitsch 168

Drucker, Peter 44

E

Edith, Fräulein, Lehrerin an der Schweizer Mission 127

Elert, Werner 187

Eliot, George 150

Else, Schwester, Musiklehrerin an der Schweizer Mission 124, 126

Erasmus Desiderius von Rotterdam 229

Esslemont, J. E. 182, 184

Estl, Frieda 41, 44f, 47

F

Fechner, Theodor 223

Fitzgerald, Edward 181

Forell, Frederick 215f, 218

Forell, George 216

Freud, Sigmund 44

Friedmann, Mr., Mathemaik- und Physiklehrer 151

G

Glubb Pascha (Sir John Bagot Glubb) 162

Guiness, Alec 217

H

Haddad, Mr., Arabischlehrer 151

Hegedüs, András 69

Heim, Karl 187

Hines, Pastor der ULCA 191

Hitti, Philip 149
Holl, Karl 187
Hooper, Mr., Direktor der St.-Lukas-Schule 148

I

Ingersoll, Ralph 165

J

Joad, C.E.M. 165
Johannes XXIII. 229
Juarez, Benito 80

K

Kant, Immanuel 167, 170
Khamis, Mr., Mathematik- und Physiklehrer 151
Khayyam, Omar 181
Khoury, Mr., Assistent bei Fulworth's 119, 131
Kierkegaard, Søren 167f, 170, 205
King, Mr., Geschichte- und Lateinlehrer 148ff, 159, 161, 181, 193, 203
Kraus, Karl 43, 168

L

Labiush, Mr. 151, 152
Lippmann, Herr, Lehrer an der Schweizer Mission 126, 127f, 129
Löw, Lodovico (Vico) 78, 83, 94, 102
Löw, Ludwig/Lodovico 90ff, 94, 99ff, 104f
Löw, Maria 95
Löw, Marianne 90
Löw, Paola 95
Löw, Wilhelm (Onkel Willi) 76, 78, 80f, 83, 90, 95f, 101f
Löwenstein, Herr, Leiter der Schweizer Mission 124ff, 131, 133f, 136f, 140
Löwenstein, Ruth 124, 133, 135
Luckmann, Thomas 63, 112, 197, 198
Luther, Martin 167, 187, 189, 229

M
Machiavelli, Niccolò 12
Magris, Claudio 11, 105
Marcuse, Ludwig 233
Maximilian, Kaiser von Mexiko 80
Meister Eckhart 184
Milli, Katharina (Tante Kitty) 36, 47
Möhler, Johann Adam 177f, 189
Montaigne, Michel de 225
Morton, Mr., Rektor der anglikanischen Kirche 192, 194
Moxton, Mr., Pfarrer der anglikanischen Kirche 163f
Musil, Robert 10, 65

N
Neumann, Edith 138, 152, 168f, 177, 205
Neumann, Fritz 15, 117, 138f, 164, 166ff, 177, 183, 205f, 215
Newman, John Henry 150

P
Perasso, Battista 83
Platon 167
Pleşu, Andrei 223
Plotke, Herr, Vorstand der »British Jews Society« 112, 115, 117f, 125, 139f
Polgar, Alfred 232

R
Riadh Effendi 179, 181ff
Ritter, Joachim 229
Robinson, Miss, Englischlehrerin 148, 150, 160, 181, 194
Rohold, Frau, Leiterin der »British Jews Society« 117, 139
Roth, Joseph 20

S
Sartre, Jean-Paul 12
Schuschnigg, Kurt 26, 27
Schütz, Alfred 8, 229

Semple, Mr., Direktor der St.-Lukas-Schule 147f, 151, 154
Shoghi Effendi 181f, 185
Simon, Bruder der Unbeschuhten Karmeliten 178
Sohrab, Ahmad 185
Sperber, Manès 227
Spinney, Mr., Besitzer von Fulworth's und Spenney's 118
Spinoza, Baruch 190
Stanislao, Bruder der Unbeschuhten Karmeliten 175, 178, 184
Stark, Werner 16
Steiner, Rudolf 217

T

Teresa von Avila 184
Torberg, Friedrich 9, 20, 23
Trollope, Anthony 150
Truman, Harry S. 41

V

Valéry, Paul 225, 229
Voegelin, Eric 226

W

Weber, Max 185, 198
Wheatcroft, anglikanischer Bischof 190
Wilde, Oscar 150
Wordsworth, William 150

Z

Zimmermann, Miss, Leiterin der methodistischen Missionsbehörde 214
Zulehner, Paul Michael 221
Zweig, Stefan 225

Bildnachweis

Archiv Berger: 57, 144, 200
Archiv Breunig: 17, 24, 39
Wirtschaftskammer Österreich, Abteilung Recht und Organe/Archiv, Bestand: 46
Wiener Stadt- und Landesarchiv: 74, 85
Shimon Lev: 106, 172
Jann Wilken: 220
Michaela Seidler: 196

Auswahlbibliografie Peter L. Berger

Mit Thomas Luckmann: *Die gesellschaftliche Konstruktion der Wirklichkeit. Eine Theorie der Wissenssoziologie.* Frankfurt/Main 1969

Auf den Spuren der Engel. Die moderne Gesellschaft und die Wiederentdeckung der Transzendenz. Frankfurt/Main 1970

Zur Dialektik von Religion und Gesellschaft. Elemente einer soziologischen Theorie. Frankfurt/Main 1973

Mit Brigitte Berger: *Individuum & Co. Soziologie beginnt beim Nachbarn.* Stuttgart 1974

Welt der Reichen, Welt der Armen. Politische Ethik und sozialer Wandel. München 1976

Einladung zur Soziologie. Eine humanistischer Perspektive. München 1979

Der Zwang zur Häresie. Religion in der pluralistischen Gesellschaft. Frankfurt/Main 1980

Mit Brigitte Berger: *The war over the family. Capturing the middle ground.* New York 1983

Die kapitalistische Revolution. Fünfzig Leitsätze über Wohlstand, Gleichheit und Freiheit. Wien 1992

A Far Glory. The Quest für Faith in an Age of Credulity. New York 1992

Erlösendes Lachen. Das Komische in der menschlichen Erfahrung. Berlin 1998

Erlösender Glaube? Fragen an das Christentum. Berlin 2006

Manfred Prisching (Hg.): *Gesellschaft verstehen. Peter Berger und die Soziologie der Gegenwart.* Wien 2001